Vivir bien de forma sencilla

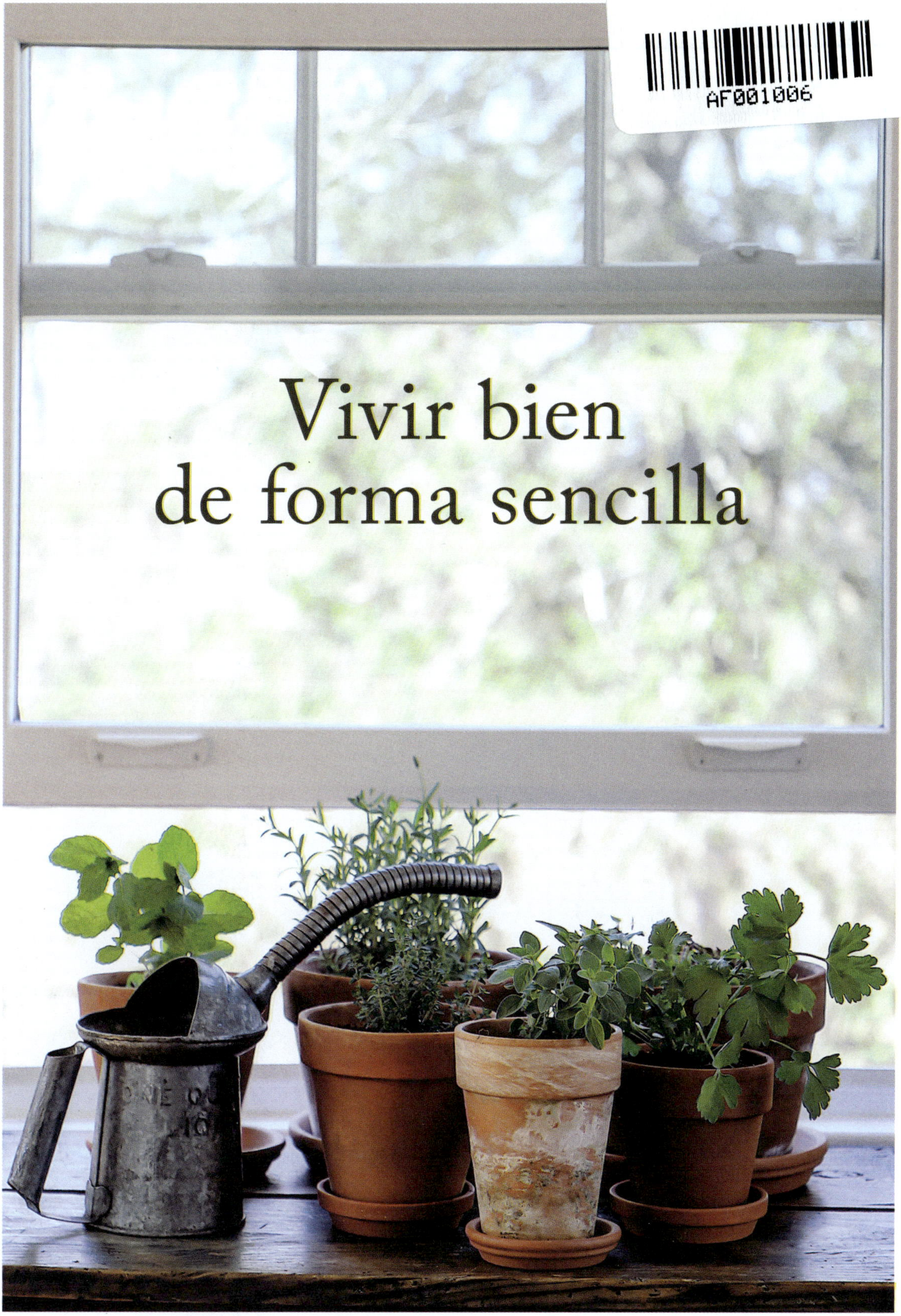

Vivir bien de forma sencilla

GUÍA PARA CREAR UN HOGAR NATURAL

Julia Watkins

Traducción
de Alfredo Blanco

Papel certificado por el Forest Stewardship Council®

Título original: *Simply Living Well*
Primera edición: octubre de 2024

© 2020, Julia Watkins
© 2024, Penguin Random House Grupo Editorial, S. A. U.
Travessera de Gràcia, 47-49. 08021 Barcelona
© 2024, Alfredo Blanco Solís, por la traducción

Diseño del interior: Ashley Lima
Imágenes de Kotkoa/Shutterstock (guardas); Bodor Tivadar/Shutterstock (p. xv); Pimlena/Shutterstock (p. xvi); Allison Meierding (pp. 17, 18 y 19); Kate Macate/Shutterstock (p. 66); Geraria/Shutterstock (pp. 112, 166 y 209)

Penguin Random House Grupo Editorial apoya la protección de la propiedad intelectual. La propiedad intelectual estimula la creatividad, defiende la diversidad en el ámbito de las ideas y el conocimiento, promueve la libre expresión y favorece una cultura viva. Gracias por comprar una edición autorizada de este libro y por respetar las leyes de propiedad intelectual al no reproducir ni distribuir ninguna parte de esta obra por ningún medio sin permiso. Al hacerlo está respaldando a los autores y permitiendo que PRHGE continúe publicando libros para todos los lectores. De conformidad con lo dispuesto en el artículo 67.3 del Real Decreto Ley 24/2021, de 2 de noviembre, PRHGE se reserva expresamente los derechos de reproducción y de uso de esta obra y de todos sus elementos mediante medios de lectura mecánica y otros medios adecuados a tal fin. Diríjase a CEDRO (Centro Español de Derechos Reprográficos, http://www.cedro.org) si necesita reproducir algún fragmento de esta obra.

Printed in Spain - Impreso en España

ISBN: 978-84-03-52269-5
Depósito legal: B-11.379-2024

Compuesto por Fernando de Santiago

Impreso en Gómez Aparicio, S. L.
Casarrubuelos (Madrid)

*A mi abuela Eloise y a mi tío abuelo Ben…,
y a sus muy especiales tocayos*

ÍNDICE

INTRODUCCIÓN ... xi

Cocina de bajo desperdicio ... 1

Limpieza natural ... 69

Bienestar natural ... 115

Rutina natural de baño y cuerpo ... 169

Cocina del huerto ... 211

RECURSOS ... 262

AGRADECIMIENTOS ... 264

ÍNDICE TEMÁTICO ... 265

PROYECTOS Y RECETAS

COCINA DE BAJO DESPERDICIO

Cambios hacia una cocina sin residuos   2
Cómo hacer la compra con pocos residuos   2
Bolsas reutilizables con cordón   9
Envoltorios caseros de cera de abeja   11
Fundas de tela reutilizables para recipientes   14
Cómo hacer telas *furoshiki* y envolver con ellas   17
Bolsas de basura de papel de periódico   19
Cómo reducir el desperdicio doméstico de alimentos   20
Cómo conservar la fruta y la verdura   22
Cómo conservar los alimentos   25
Usos creativos de los posos del café   29
Cómo reutilizar cáscaras de huevo   31
Caldo de restos de verduras   32
Vinagre de sidra con restos de manzanas   34
Olla a fuego lento de restos de comida   37
Pan casero sin amasado   38
Leche de frutos secos casera   40
Galletas de pulpa de almendra   41
Trufas de chocolate con pulpa de frutos secos   43
Leche de coco fresca   44
Harina de coco   47
Yogur de coco   48
Hummus sin residuos   49
Tahini desde cero   51
Guacamole sin envasar   52
Kétchup casero   53
Mostaza de dos maneras: lenta y rápida   54
Aliños cotidianos para ensaladas   57
Mantequilla de frutos secos casera   59
Ideas para picar sin generar residuos   61
Aros de manzana deshidratados   63
Galletas de pulpa de verduras   64
Garbanzos crujientes   67

LIMPIEZA NATURAL

Productos de limpieza naturales   70
Utensilios de limpieza naturales   72
Limpiador cítrico multiusos   74
Limpiador suave de superficies   77
Limpiador en polvo de hierbas   78
Limpiador de granito y mármol   80
Limpiador de alfombras previo al aspirado   81
Limpiador de suelos de madera   83
Limpiador de hornos   84
Jabón líquido de limón para vajillas   87
Desinfectante para lavar frutas y verduras   88
Detergente para lavavajillas   91
Pastillas de detergente para lavavajillas   92
Desatascador natural   93
Cápsulas de inodoro   94
Limpiador de la taza del váter   97
Jabón para la ropa   98
Sosa para lavar casera   100
Suavizante para ropa   101
Toallitas para secadora reutilizables   103
Bolas de lana caseras para secadora   104
Consejos para secar en tendedero   107
Quitamanchas   108
Limpiacristales   111
Manteca para madera   113

BIENESTAR NATURAL

Productos esenciales para el bienestar natural   117
Cómo reunir y abastecerte de hierbas   120
Aceites esenciales   122
Baño maría casero   127
Pastillas de cera de abeja caseras   128
Sidra ardiente   130
Sopa curativa de shiitake   132
Tónico inmunológico de limón y jengibre   133
Jarabe de bayas de saúco   135
Polos y gominolas de bayas de saúco   136

Tintura de equinácea   138
Té de limón y jengibre   141
Jarabe para la tos de regaliz y tomillo   142
Ungüento de mentol natural   144
Miel de salvia   146
Infusión digestiva de malvavisco y menta   147
Ver comentario en página   149.
Tónicos digestivos   149
Infusión para el estrés   150
Infusión de dulces sueños   151
Miel para dulces sueños   152
Aceite y bálsamo para percances   154
Bálsamo labial de menta   155
Bálsamo para el dolor de cabeza   157
Baño de avena y caléndula para el picor   158
Insecticida natural   161
Remedios sencillos para picores y picaduras   162
Aceite de menta y lavanda para las quemaduras solares   163
Gel de aloe vera para heridas y quemaduras   164
Ungüento de árnica para contusiones y esguinces   167

RUTINA NATURAL DE BAÑO Y CUERPO
Cambios hacia un baño sin residuos   170
Pasta de dientes de dos formas   172
Enjuague bucal de menta   175
Desodorante de dos formas   176
Desinfectante de manos   178
Lavado facial a base de hierbas   181
Exfoliante facial de avena   182
Mascarilla facial de arcilla   184
Agua de rosas casera   185
Tónico facial de rosa y lavanda   188
Agua de la reina de Hungría   189
Sérum facial rejuvenecedor   190
Manteca corporal de caléndula   191
Barritas de loción de limón y romero   193
Crema corporal de rosa   194

Enjuague capilar de hierbas   196
Infusión de hierbas para el baño   199
Bombas de baño   200
Sales de baño de hierbas relajantes   203
Baño para los pies de menta y cítricos   204
Aceite de masaje de hierbas   207
Colorete vegetal   208

COCINA DEL HUERTO
Semilleros de papel de periódico   212
Conceptos básicos para compostar en tu jardín   215
Cómo secar hierbas   219
Cómo congelar hierbas frescas en mantequilla o aceite   221
Control ecológico de las malas hierbas   222
Cómo atraer insectos beneficiosos   225
Hotel para insectos   226
Cómo guardar semillas   230
Adornos de alpiste   233
Comedero para pájaros en una taza reciclada   234
Bombas de semillas de flores silvestres   237
Pepinillos de nevera   238
Chucrut de la abuela   240
Rábanos fermentados   243
Salsa fermentada   244
Sopa de tomate y zanahoria   247
Pesto de hojas de zanahoria   248
Sopa fría de pepino y aguacate   249
Sopa de tallos de brócoli sin desperdicio   250
Sopa de ajo asado   251
Kvas de remolacha tradicional   252
Hojas de remolacha salteadas con piñones   253
Sal de hierbas   255
Jarabe de azúcar con hierbas   256
Vinagre de los cuatro ladrones   259
Mermelada de fresa a la antigua   260

INTRODUCCIÓN

Me gusta pensar que este es un libro que podría haberte regalado tu abuela. Repletas de consejos, recetas y remedios, estas páginas podrían ser algo así como su mano tendida, compartiendo contigo lo que en su época parecía normal, pero que hoy nos resulta tan extraordinario. Por supuesto, ella no escribió este libro, lo vivió. En cuanto a mí, primero tuve que aprenderlo, luego vivirlo y solo después empezar a escribirlo; y todo ello mientras me esforzaba por llevar una vida sencilla, lenta y sostenible, de acuerdo con los principios del residuo cero.

Por si este concepto de residuo cero te resulta ajeno, te contaré que es un movimiento cada vez más habitual para reducir lo que consumimos y tiramos. Existe una idea un tanto equivocada de lo que significa el «residuo cero», y todos hemos leído historias y visto fotos de personas que son capaces de meter cinco años de basura en un tarro de medio litro. Lo que a menudo no se nos muestra es el largo y arduo proceso de tropiezos, experimentos y aprendizaje que las ha llevado hasta ese punto. El concepto de residuo cero es un camino, no un hecho concreto; se trata más de intentar llegar a cero que de haberlo logrado. De hecho, la mayoría de los defensores del residuo cero reconocen que no generar absolutamente ningún residuo es casi imposible. En su lugar, recomiendan hacer lo que tenga sentido para ti y lo que creas que puedes mantener, acercándote lo más posible a cero y siguiendo, de forma ordenada, las 5 R del residuo cero: rechazar, reducir, reutilizar, reciclar y pudrir* (o compostar).

Y, ahora, hablemos un poco sobre el reciclaje. Aunque es, de largo, el planteamiento más común, también suele ser el más engañoso. Si te asomaras a la cocina o al cuarto de baño del estadounidense medio, te costaría encontrar algo que no estuviera envuelto, embotellado o hecho de plástico. Y seguramente te sorprendería enterarte de que solo el 9 % de ese plástico se recicla, mientras que el resto acaba en vertederos, océanos o incineradoras, liberando toxinas nocivas al medioambiente. A diferencia de lo que ocurre con el vidrio o el metal, el plástico no puede reciclarse indefinidamente. La mayoría se recicla un puñado de veces antes de degradarse tanto que ya no puede volver a utilizarse más. Una vez llegados a ese punto, no queda más remedio que tirarlo. En cuanto a los materiales, el plástico es barato de fabricar, fácil de usar y, a menudo, a todos nos supone un verdadero reto evitarlo. Sin embargo, minimizar tu uso de plásticos, en lugar de confiar en el reciclaje, es una de las mejores formas de reducir tus residuos y tu impacto sobre la Tierra.

Iniciar tu búsqueda del residuo cero significa, sobre todo, examinar detenidamente cómo consumes y qué tipo de residuos produces. Cada persona es diferente, pero incluso un somero repaso de tus hábitos de consumo debería revelarte algunas posibilidades para reducir tus residuos.

A veces también puede resultarte de ayuda situar tus hábitos en un contexto más amplio, lo que para mí significa preguntarte si formas parte de la economía lineal o de la economía circular. La mayor parte de nuestra economía todavía pertenece a la lineal, en la que los recursos se

---

* Forma parte de las 5 R debido a su término en inglés, *rot (N. del T.)*.

extraen, se procesan, se consumen y se desechan. Piensa, por ejemplo, en un vaso de papel para tomar café: podríamos trazar una línea recta que fuera de un árbol del bosque a la fábrica de papel, la planta de fabricación, la cafetería, tu mano, el cubo de la basura y el vertedero.

No hay nada sostenible en la economía lineal. Antes o después, nos quedaremos sin árboles o sin espacio en el vertedero, o sin ambas cosas. Y, a pesar de que es cierto que se replantan zonas forestales, la mayoría de las veces estamos sustituyendo bosques antiguos, con toda su rica biodiversidad, por plantaciones que, en el mejor de los casos, solo comprenden unas pocas especies de árboles.

En una economía circular, si bien seguimos extrayendo al menos algunos de nuestros recursos, lo hacemos con un poco más de reflexión y mucho más cuidado. Así, por ejemplo, hay formas de gestionar ciertos tipos de extracción de recursos para que se ajusten más a los ciclos naturales de regeneración. Y, una vez que se hayan extraído, dichos recursos pueden procesarse y utilizarse de forma que se prevea el valor de un producto incluso después de que haya sido utilizado por un consumidor, momento en el que puede reutilizarse, reaprovecharse, refabricarse o reacondicionarse de otro modo. En una economía circular, evitamos crear residuos (y minimizamos los pocos que producimos) manteniendo las cosas continuamente en uso, de un modo u otro.

Gran parte de los logros de la economía circular se consiguen mediante diseños más inteligentes, materiales innovadores, avances tecnológicos y modelos empresariales radicalmente distintos. Sin embargo, también hay mucho —y quiero decir mucho— que puedes hacer en tu propia casa, con frecuencia volviendo la vista atrás, hacia una época en la que había que alimentar a una familia de cuatro miembros igual que ahora, pero sin que existieran espléndidos supermercados ni grandes almacenes junto a la carretera ni opciones rápidas y fáciles de comida para llevar o de entrega a domicilio simplemente con hacer una llamada.

Ese es el motivo por el que, para mí, la filosofía de residuo cero es muchísimo más que evitar la basura o prevenir los residuos. Tiene que ver con cambiar de mentalidad, desarrollar un ingenio interior y crear vínculos profundos y relevantes con la naturaleza, mis antepasados, mi comida, mi salud y mi comunidad. Las recetas y los consejos de este libro reflejan esos valores al tiempo que sugieren modos de que todos reduzcamos nuestros residuos personales mientras seguimos exigiendo responsabilidad a empresas y gobiernos.

La primera vez que oí hablar de los residuos cero fue en África, hace ya casi veinte años. Formaba parte del Cuerpo de Paz y vivía en una aldea remota de Guinea, un país situado en la zona occidental del continente. Rural, sin carreteras y completamente aislada, la vida en aquella aldea apenas generaba ningún residuo, sobre todo porque había muy poco que desperdiciar. Casi todo se elaboraba a mano, con frecuencia usando materiales extraídos directamente de la naturaleza. Y los productos fabricados que llegaban a la aldea, una vez cumplida su función, se reutilizaban, por lo general hasta que se caían a pedazos de tanto usarlos. Mi impresión era que allí nunca se tiraba nada.

La filosofía del residuo cero volvió a aparecer en mi vida unos diez años más tarde, al nacer mi primer hijo. Me encontré con una letanía de problemas de salud, e intentando mejorar recurrí a una amplia variedad de tratamientos holísticos. Traté de recuperar mi salud siguiendo muchos de aquellos ritmos lentos y sencillos, tanto de comportamiento como a la hora de hacer las cosas, que había presenciado en África o recordado de la cocina de mi abuela. Gran parte de las ideas, las recetas y los remedios de este libro reflejan esas antiguas formas de vida, así como la nutrición moderna y las medicinas naturales.

En aquella época, también empecé a tomar conciencia de la cantidad de posesiones materiales que tenemos. Me encantaría decir que ocurrió porque yo era una persona preocupada por la naturaleza. Sin embargo, la verdad es que lo que me hizo pensarlo fue que me tocara mudarme tres veces en ocho años, en una ocasión al otro lado de la ciudad y en las otras dos al extremo opuesto del país. No hay nada como tener que ordenar todos y cada uno de los objetos que posees, forrarlos, meterlos en cajas, cargarlos en un camión y luego volverlos a poner en otra casa, desempaquetarlos y organizarlos de nuevo. En cuanto haces algo así varias veces, te queda claro que serás más feliz sin esos objetos. En cada mudanza, me deshacía de casi dos tercios de nuestras posesiones, hasta que lo único que quedaba era lo que de verdad necesitábamos. Y, al igual que tener cosas hace que cada vez tengamos más, el concepto funciona de la misma forma a la inversa. Que me deshiciera de algunas cosas me facilitó deshacerme de otras hasta el punto de que vivir con menos y consumir con mayor atención se convirtió para mí en una forma de vida. Creo que fue el escritor Pico Iyer quien mejor plasmó esto: «El lujo no depende de cuántas cosas tienes, sino de cuántas te puedes permitir prescindir».

Al tiempo que me ocupaba de mi salud e iba reduciendo nuestras posesiones, también comencé a sentir interés por las antiguas formas de hacer las cosas, algo que se tradujo en que adquiriera muchas habilidades nuevas. Aprendí a cocinar desde cero, a hornear mi propio pan y a preparar alimentos de forma tradicional. Hice ricos caldos de huesos, mantequilla, yogur y queso. Enlaté frutas y verduras y fermenté cualquier cosa que cupiera en un tarro de cristal. Aprendí a hacer punto y ganchillo, a coser (un poco) y a limpiar a la antigua usanza (mucho). Les hice a mis bebés pañales de tela, colgué un tendedero en el patio, planté un huerto y monté un sistema de compostaje. Probé a fabricar mis propios productos para el baño y el cuerpo, aprendí a preparar remedios con hierbas, adopté algunos hábitos básicos de compra que evitaran los residuos y practiqué la compra de segunda mano hasta que empezó a salirme de modo natural. Como es obvio, nada de esto ocurrió de la noche a la mañana. Y no todo se mantuvo en el tiempo. La verdad es que únicamente intenté seguir mis intereses y experimentar con lo que me despertaba curiosidad, dando pequeños pasos aquí y allá, utilizando lo que tenía, haciendo lo que podía. Resulta sorprendente cuánta alegría se puede encontrar llevando a cabo algunos cambios, por pequeños que sean.

En casi todo lo que intentaba, pretendía hallar la sabiduría arraigada en las culturas tradicionales y, especialmente, en los hábitos y las prácticas de mis abuelos. Y es que, todo eso a lo que nosotros llamamos vida sencilla, natural, no tóxica y orgánica, mis abuelos lo consideraban sencillamente vida normal. Sin embargo, lo que para ellos eran tareas cotidianas, para mí suponían nuevos retos. Obviamente, aprecio las comodidades de las que muchos disfrutamos gracias a los progresos de este último siglo. Pero no dejo de ser consciente de todo aquello que no hemos conocido debido a las comodidades de la vida moderna. Gran parte de nosotros nunca sabremos a cuántas dificultades prácticas se enfrentaron quienes vivieron hace cien años. Pero también es cierto que muchos de ellos nunca conocieron las penurias sociales, emocionales y espirituales que hoy se agudizan a medida que los avances tecnológicos nos alejan de nuestros alimentos, nuestras comunidades y quizá incluso de nosotros mismos. No es que esté abogando por darle la espalda al mundo, pero sí creo que no existe mejor modo de enriquecer tu vida que aprender cómo eran las cosas antaño y tratar de incorporar a tu rutina diaria algunas prácticas y tradiciones consagradas por el tiempo, y cuya sencillez y encanto alimentan la mente, el cuerpo y el espíritu.

Tampoco es que se trate únicamente de ser retro. Es que es bueno para el medioambiente, el modo de hacer las cosas antaño era mucho más respetuoso con la Tierra. Personalmente, me asombra, y también me preocupa bastante, la cantidad de residuos plásticos que han colonizado prácticamente todos los lugares del planeta, desde la cima del Everest hasta las profundidades de la fosa de las Marianas. Cada año, unos ocho millones de toneladas de plástico acaban en el océano, y se prevé que la producción mundial de este material se haya duplicado para 2050. Muchos plásticos tardan unos cuatrocientos cincuenta años en descomponerse, y las partículas microscópicas que los forman se acumulan ya en los ecosistemas y en toda la cadena alimentaria. Al menos la mitad de las tortugas marinas y alrededor del 90 % de las aves marinas del mundo han ingerido algún tipo de plástico. Y se espera que, para mediados de siglo, la cantidad de plástico presente en el océano supere a la de peces. Para mí esto significa que el cuidado que pongo en nuestro hogar no consiste únicamente en dar con ingeniosos sustitutos para los envases desechables ni en tratar de lograr que el bote de basura tenga un tamaño mínimo. Adquirir algunas de las costumbres tradicionales y esforzarme por generar pocos residuos es mi forma de vivir de acuerdo con unos valores y de hacer mi parte por las generaciones futuras.

Obviamente, soy consciente de que a la hora de afrontar los numerosos retos medioambientales que penden sobre el planeta —contaminación del aire y del agua, cambio climático, deforestación, pérdida de especies, etcétera— hace falta visión y liderazgo por parte de los gobiernos, las organizaciones internacionales e incluso el sector privado para que así sea posible un cambio significativo a escala mundial. Y también me doy cuenta de lo tentador que resulta pensar «¿De qué va a servir por mucho que yo reduzca mi basura si cuantos me rodean no hacen nada?». Sin embargo, claro que nuestras decisiones individuales importan. Tal vez no en un sentido estrictamente estadístico, en cuanto a toneladas de plástico o partes por millón de dióxido de carbono atmosférico. Pero, si una cantidad suficiente de gente empieza a tomar el mismo tipo de decisiones, los mercados, los políticos e incluso las leyes suelen seguirles la corriente. Por lo que a mí respecta, las elecciones que hago cada día me hacen sentir bien. Me motiva y me aporta energía tratar de lograr que mi pequeña parte del mundo se convierta en un lugar mejor, más sano, más bello y más sostenible.

Confío en que este libro sirva de puente entre el espíritu de superación de las generaciones pasadas y la conciencia ecológica que muchos de nosotros intentamos captar y poner en práctica en nuestras vidas hoy. Celebra la simplificación, la desaceleración, el trabajo manual, el hacer más, el comprar menos, el valorar la calidad por encima de la cantidad y el vivir de forma frugal, autosuficiente y armoniosa con el mundo natural. Anima a derrochar menos y a venerar las formas en que nuestros abuelos o, según la edad que tengas, bisabuelos resolvían todo tipo de problemas, ya fuera alimentar a sus familias, limpiar su ropa o cuidar de sus cuerpos, mentes y espíritus. Manifiesta la idea de que la gente puede vivir sencillamente y bien.

Cuando hayas acabado de leer este libro, sabrás cómo fabricar tus propios productos de limpieza, remedios naturales y productos para el baño y el cuerpo. Sabrás cómo utilizar ingredientes sencillos, plantas de tu jardín y hierbas de tu huerto para limpiar una mancha de verdín, aliviar un dolor de cabeza o evitar un resfriado. Aunque no puedo prometerte nada, apostaría a que aprender a hacer cosas en lugar de comprarlas te otorgará mayor confianza en ti y una profunda y reparadora sensación de satisfacción. Si te pareces un poco a mí, encontrarás al menos un destello de certeza en aquello de que unas manos felices vuelven los corazones felices. Espero que lo disfrutes.

COCINA DE BAJO DESPERDICIO

La primera vez que me propuse intentar reducir a cero los residuos, me centré sobre todo en la cocina; me pareció el sitio ideal para empezar, ya que gran parte de nuestros residuos domésticos procedían de la comida. En primer lugar, traté de crear un espacio sencillo y minimalista que me recordara generar menos residuos consumiendo (y, por tanto, desechando) menos cosas. Hice un inventario de los electrodomésticos, aparatos y vajilla de la cocina y los reduje a lo estrictamente necesario. Me di cuenta de que tenía cuatro batidoras, así que revendí tres. Cuando advertí que disponía de una batidora, una Vitamix y un robot de cocina, me ceñí a uno de esos aparatos. Doné mi olla a presión y decidí que me las arreglaría con una cacerola grande para sopa. Regalé todas las cucharas, los tenedores y los cuchillos, excepto ocho, que reservé para mi familia de cuatro miembros, y me quedé únicamente con dos de las cinco tablas de cortar.

En lo que respecta a reducir los residuos en la cocina, pensé mucho en lo que solía hacer mi abuela a la hora de comprar y almacenar alimentos, y también recurrí a innumerables ideas de la comunidad de residuos cero. Al analizar mi cocina bajo esa perspectiva, barajé formas de rechazar lo que no necesitaba, reducir lo que utilizaba, reutilizar o dar un nuevo uso a lo que tenía y reparar y compostar lo que pudiera. Me propuse que el reciclaje fuera solo mi último recurso.

En realidad, gran parte de esto implicaba simplemente cambiar los productos desechables por otros que no lo fueran. Así que aprendí a comprar con bolsas reutilizables, me familiaricé con la zona de productos a granel del supermercado y comencé a utilizar tarros y recipientes de cristal para todo, ya fuera arroz, café, carne…, cualquier cosa. A fin de reducir los residuos, también aprendí a almacenar y conservar los alimentos. Por este motivo, cuando las bayas empezaban a marchitarse en la nevera, las congelaba para utilizarlas más tarde en batidos; cuando me daba la impresión de que las verduras no se iban a consumir pronto, las troceaba y las convertía en alimentos fermentados que podían aguantar bien durante meses. Cuando se me desgastaron todos los cepillos de fregar con mango de plástico y las esponjas desechables que había por casa, los sustituí por cepillos con mango de madera y toallas de tela. Me deshice de las bolsas de basura y busqué formas de reutilizar los restos de comida, o de compostarlos. Y, por último, cuando me cansé de comprar alimentos básicos como hummus y kétchup en recipientes de plástico, aprendí a hacerlos en casa desde cero.
En total, mi familia redujo los residuos lo suficiente como para que sustituyéramos nuestro cubo de basura de cuarenta litros por uno de fregona galvanizado de cuatro.

Actualmente, seguimos produciendo basura, y me temo que siempre lo haremos. No todos los alimentos están disponibles a granel. Hasta encontrar manzanas sin esas pequeñas pegatinas puede ser una odisea. Y, en lo referente a artículos para el hogar, con frecuencia no es posible comprar cosas que no vengan muy envueltas. Estoy dispuesta a elaborar mi propio vinagre de sidra de manzana, pero, si se funde la bombillita de la nevera, sé que me tocará ir a la tienda y volver con algún envoltorio de plástico que no se pueda reciclar. En ocasiones, también las circunstancias de la vida pueden interponerse; aunque no me gusta reconocerlo, hay veces en que las exigencias del trabajo y de la crianza de los hijos hacen casi imposible no tomar atajos. Y, en nuestra cultura de la comodidad, eso implica acabar comprando comidas precocinadas en recipientes de plástico o tentempiés preparados en envoltorios desechables. Hago cuanto puedo y lo mejor que sé, recordando que vivir de forma sostenible tiene que parecernos sostenible. Confío en que, en este capítulo, encuentres ideas y apoyo para reducir los residuos en la cocina, sin olvidar al mismo tiempo que has de ser amable contigo mismo. Como escribió John Steinbeck en *Al este del Edén*: «Ahora que no necesitas ser perfecto, ya puedes ser bueno».

CAMBIOS HACIA UNA COCINA SIN RESIDUOS

Una de las mejores maneras de reducir los residuos en la cocina es cambiar los artículos desechables por otros reutilizables. Sin embargo, antes de que te pongas a tirar todas tus cosas viejas, recuerda que el residuo cero consiste, en definitiva, en utilizar menos recursos y comprar menos cosas. Plantéate cómo habrían resuelto tus abuelos un problema o satisfecho una necesidad, especialmente cuando vivían según el lema «Úsalo, gástalo, hazlo o prescinde de él». No te engañes pensando que has de comprar otras cosas para conseguir un estilo de vida más sencillo y sostenible. En vez de ello, usa los desechables y los plásticos hasta que hayan cumplido su función y luego cámbialos por una alternativa más sostenible. Si puedes encontrar un artículo de segunda mano, ¡estupendo! Si puedes usar un artículo reutilizable para varios fines, ¡aún mejor! Un tarro de cristal, por ejemplo, puede servir como vaso, botella de agua, tarro de almacenaje o recipiente para llevar. En última instancia, serás tú quien decidas lo que necesitas. A continuación te dejo algunas ideas que te ayudarán a pensar sobre ello.

CÓMO HACER LA COMPRA CON POCOS RESIDUOS

Comprar en un supermercado es una gran oportunidad para reducir los residuos. Hay rollos de bolsas de plástico esperando a que los cojas en los pasillos de productos agrícolas y de compra a granel, y el cajero casi siempre insistirá en meter la carne, la carne de ave y el pescado ya envasados en otra bolsa de plástico más. Por no hablar de que muchos supermercados siguen utilizando bolsas de plástico en la caja. Únicamente en Estados Unidos, se producen y utilizan cien mil millones de bolsas de plástico al año, y solo el 1 % de ellas se reciclan de forma adecuada. La mayoría de los artículos que compramos en un supermercado vienen en algún tipo de envase desechable, ya sean cartones de bayas, vasos de yogur o botellas de plástico para champú. Todo está envasado para mayor comodidad, incluso las verduras se pueden encontrar troceadas, prelavadas y envasadas en bolsas de plástico y recipientes envueltos en film. A pesar de que seguramente no vayas a conseguir que desaparezcan los residuos de los vertederos, con un poco de preparación, planificación y organización sí podrás reducir de un modo significativo la huella de tus compras. A continuación te ofrezco algunos consejos para hacer la compra generando pocos residuos:

COME ALIMENTOS DE VERDAD. Compra en la periferia del supermercado, donde encontrarás productos frescos, carne y pescado, alimentos de esos que nuestras abuelas habrían reconocido. Esto es comida de verdad, suele ser más saludable y encontrarse alejada de los alimentos envasados y procesados que se venden en los pasillos principales. Céntrate en comprar productos frescos, sin envasar, y, cuando te resulte posible, de temporada y de origen local.

EN LUGAR DE ELEGIR	ESCOGE
Bolsas de basura de plástico	Bolsas de basura de papel de periódico (véase la página 19) o bolsas de papel de estraza
Bolsas de la compra de plástico desechables	Bolsas de la compra de tela reutilizables
Bolsas de productos agrícolas y a granel desechables	Bolsas de productos agrícolas y a granel de algodón reutilizables
Bolsas de plástico para el pan	Bolsas de algodón reutilizables para el pan (o fundas de almohada)
Papel de cocina desechable	Toallas o trapos de tela reutilizables
Servilletas desechables	Servilletas de tela reutilizables
Trapos de microfibra (contienen plástico)	Trapos de algodón o cáñamo, trapos de mopa
Cepillos de fregar de plástico	Cepillos de fregar de madera compostables
Esponjas desechables	Esponjas biodegradables, estropajos, paños suecos
Recipientes de plástico para alimentos, recipientes desechables para comida para llevar	Recipientes de cristal o acero inoxidable, tarros de cristal
Tazas de café desechables	Tazas de café reutilizables
Botellas de agua desechables	Filtro de agua y botellas de agua reutilizables, tarros de cristal
Pajitas de plástico desechables	Pajitas de acero inoxidable, cristal o bambú
Cubiertos desechables	Cubiertos de acero inoxidable o bambú
Utensilios de cocina de plástico	Utensilios de madera o acero inoxidable
Jabón líquido para vajilla envasado en plástico	Jabón en pastilla sin envasar (de Castilla o de Marsella)
Productos de limpieza comerciales	Productos de limpieza caseros no tóxicos (véase la página 70)
Envoltorios de plástico desechables, papel de aluminio desechable	Envoltorios de cera de abeja para alimentos, fundas de tela para recipientes
Papel de horno desechable	Papel de horno compostable, tapetes de silicona para hornear
Bolsas de plástico para bocadillos o para guardar comida	Bolsas reutilizables para guardar comida (de silicona o tela)
Fiambreras o cajas *bento* de plástico	Fiambreras de acero inoxidable
Bandejas de hielo y moldes para polos de plástico	Bandejas de hielo y moldes para polos de acero inoxidable o silicona
Papeles para magdalenas desechables	Papeles para magdalenas de silicona o de papel compostable
Recipientes de especias desechables	Tarros reutilizables y especias a granel
Bolsitas de té desechables	Infusor de té reutilizable y té a granel
Cápsulas de café desechables	Cafetera de émbolo o cafetera con filtros de café reutilizables
Utensilios de cocina de teflón	Utensilios de cocina de hierro fundido
Tablas de cortar de plástico	Tablas de cortar de madera
Guantes desechables	Guantes de goma compostables
Encendedor de plástico	Cerillas de madera

INVIERTE EN BOLSAS DE TELA, TARROS DE CRISTAL U OTROS RECIPIENTES REUTILIZABLES Y COMPRA CON ELLOS. Compra bolsas reutilizables de buena calidad para las frutas y las verduras, el pan y los productos a granel (o véase la página 9 para hacer tus propias bolsas con cordón). Las bolsas ligeras de malla y algodón, por ejemplo, son estupendas para esto. También te vendrá bien tener una provisión de tarros de cristal, recipientes de acero inoxidable con tapa o tápers para los alimentos que no es posible llevar en bolsas de tela, como el café molido, la carne y las ensaladas. Para que, al utilizar tus propias bolsas y recipientes, no tengas que pagar de más, no olvides informar al cajero de la «tara» del recipiente (es decir, el peso cuando este se encuentra vacío). Para averiguar dicha tara, solicita al empleado del servicio de atención al cliente que te pese el recipiente antes de que lo llenes. Y que escriban el peso en la parte inferior del tarro con un lápiz de cera o apúntalo tú en un cuaderno o en la sección de notas de tu teléfono móvil. Esta cantidad será la que tengas que restar del peso final al pasar por caja. A pesar de que ahora te pueda parecer complicado, los cajeros ya están habituados a hacerlo cuando los clientes utilizan los recipientes de la tienda en el autoservicio de ensaladas/sopas o en el pasillo de productos a granel.

COMPRA ALIMENTOS SECOS A GRANEL. Siempre que te sea posible, compra a granel a fin de evitar envases innecesarios. Habitualmente suele ser fácil adquirir de esta forma cereales, frutos secos, legumbres, semillas, galletas saladas, frutas deshidratadas o chocolate. Y, si tienes suerte, puede que incluso tengas acceso a productos a granel como vinagre, salsa de soja, aceite de oliva, jabón para la ropa, champú o acondicionador. Por experiencia, me parece que tiendas como Whole Foods, Earth Fare, Bulk Barn, Sprouts,* así como las cooperativas alimentarias locales independientes, suelen tener autoservicios de productos a granel bien surtidos y fomentan la compra que no genere residuos. Anota el código del artículo con un lápiz de cera o en la sección de notas de tu teléfono móvil; ese número es el que necesita el cajero para cobrarte. Si te acabas volviendo un comprador que habitualmente evita los residuos, dispondrás de una lista actualizada de los códigos de los artículos que suelas comprar a granel. En unos meses, tal vez incluso los hayas memorizado.

COMPRA FRUTAS Y VERDURAS SIN ENVASAR. Evita los productos envasados en bolsas y cartones desechables y escoge en vez de ello frutas y verduras sueltas. Y, si te has quedado sin bolsas de tela para los productos, llévalos sueltos en el carrito. Si bien esto no podrás hacerlo con medio kilo de champiñones o judías verdes, será perfectamente posible con productos como plátanos, melones, brócoli, pepinos, lechuga, naranjas y manzanas. En la mayoría de los casos que usemos bolsas de plástico individuales para comprar productos no es tanto una necesidad como un hábito.

COMPRA PRODUCTOS DE PANADERÍA FRESCOS USANDO TUS PROPIAS BOLSAS. En vez de comprar panes y piezas de bollería envasados, adquiérelos recién salidos del horno y usa una bolsa de tela reutilizable para el pan. Si no dispones de una específica, también te servirá una funda de almohada pequeña y limpia. Puedes comprar el pan entero o pedir que te lo corten en rebanadas.

---

* En España algunas de las cadenas de supermercados ecológicos más famosas son Veritas, Espacio Orgánico, Naturitas, Planeta Huerto, BIOCOOP y Biosano *(N. de la E.)*.

COMPRA QUESO EN EL MOSTRADOR USANDO TU PROPIO RECIPIENTE. Evita el queso que venga envasado y, en vez de ello, compra en el mostrador de quesos del supermercado. Pide que te corten una cuña del queso que quieras y la pongan directamente en tu recipiente reutilizable. Lo normal es que te den una pegatina con el precio muy pringosa; si no te apetece perder mucho tiempo lavándola y despegándola del recipiente, pregunta si puedes llevarla en el bolsillo y presentarla directamente en caja.

COMPRA ACEITUNAS EN EL AUTOSERVICIO DE ENCURTIDOS USANDO TU PROPIO RECIPIENTE. Últimamente, muchas cadenas de supermercados han instalado autoservicios de encurtidos en los que hay todo tipo de productos, desde pimientos rellenos de queso hasta ocra en escabeche, alcachofas a la parrilla, pepinillos o aceitunas rellenas de ajo. Utiliza tu propio recipiente para comprar en estos lugares. Solo tienes que tarar tu tarro en el servicio de atención al cliente y luego llenarlo. No hace falta que escribas el código del artículo, ya que la mayoría de las tiendas utilizan el mismo para todos los alimentos comprados en los autoservicios de ensaladas, comidas preparadas o encurtidos.

COMPRA CAFÉ RECIÉN HECHO EN LOS AUTOSERVICIOS DE CAFÉ USANDO TU PROPIA BOLSA O TARRO DE CRISTAL. Si tu supermercado dispone de un autoservicio de café, puedes evitar comprar café en bolsas de plástico o papel. Puedes comprar granos enteros o, si prefieres café molido, con frecuencia existe un molinillo de café en esos lugares. Por experiencia, en el autoservicio de café no suele haber báscula, así que tendrás que tarar antes el tarro que lleves en el servicio de atención al cliente. Mi recomendación es que uses un tarro de cristal, pero una bolsa de algodón reutilizable también te puede servir; lo único es que tendrás que lavarla después de utilizarla.

COMPRA CARNE USANDO TU PROPIO RECIPIENTE (SI TU TIENDA LO PERMITE). Como siempre hay una báscula en el mostrador de la carne, el carnicero puede tarar fácilmente tu recipiente antes de introducir en él la pieza de ternera, cerdo, pollo… Como en el caso del queso, si no quieres que te pongan la pegatina del precio en el recipiente (porque son muy difíciles de quitar), pídele al carnicero que te la entregue para que puedas presentarla en caja.

SI COMPRAS ALIMENTOS ENVASADOS, EVITA EL PLÁSTICO Y OPTA POR MATERIALES RECICLABLES. Si no te queda otra que comprar alimentos envasados, escoge productos embalados en materiales reciclables. Reciclar papel, vidrio y metal es un ciclo completo, mientras que en el caso del plástico generalmente no es así. La triste realidad es que más del 90 % del plástico va directo a un vertedero. Y lo mejor que podemos esperar del 10 % restante es que se convierta en material de baja calidad, como felpudos, textiles o madera plástica. Así que, tras una ronda de reciclaje descendente, estos productos suelen acabar en el vertedero también.

COMPRA JABÓN SIN ENVASAR. Comprueba en la sección de baño y cuerpo de tu supermercado si venden jabón a granel o sin envasar. En algunos establecimientos se puede adquirir a granel hasta jabón líquido, champú o acondicionador. Lleva tu propio tarro de cristal para los jabones líquidos y una bolsa de tela reutilizable para las pastillas de jabón.

COMPRA ARTÍCULOS DOMÉSTICOS ECOLÓGICOS. Compra papel higiénico envasado en una bolsa de papel en vez de en una de plástico. En caso de que no lo encuentres en tu localidad, considera la posibilidad de adquirirlo por internet y a granel. Deshazte del papel de cocina e invierte en paños reutilizables. Adquiere papel de horno, bolsas para bocadillos y moldes para magdalenas de papel compostable, como los que venden marcas como If You Care. Sustituye los envoltorios de plástico y el papel de aluminio por envoltorios de cera de abeja y recipientes de vidrio reutilizables. Salvo que elabores de forma casera tu propio detergente para la vajilla o la ropa (véanse las páginas 91 y 98), plantéate la posibilidad de comprar detergentes envasados en cajas de cartón en vez de en recipientes de plástico. Si no puedes evitar el plástico, adquiere el tamaño más grande.

RECHAZA EL RECIBO O PIDE UNO ELECTRÓNICO. Rechaza los recibos y pide, siempre que sea posible, que no te los impriman o que te los envíen por correo electrónico.

CREA UN KIT DE COMPRA DE RESIDUOS CERO. Ten un kit de compra en el coche o colgado junto a la puerta. Incluye artículos como bolsas reutilizables para hacer la compra o adquirir productos agrícolas, productos a granel y pan, así como tarros de cristal, recipientes de acero inoxidable, una taza de café reutilizable, una botella de agua reutilizable, servilletas de tela, cubiertos reutilizables y una pajita de acero inoxidable.

COMPRA EN TIENDAS QUE APOYEN EL RESIDUO CERO. Además de las tiendas de comestibles de residuo cero que van surgiendo por todas partes, las pequeñas tiendas locales independientes y las cooperativas suelen ser más flexibles y están dispuestas a apoyar las compras «sin envases» permitiendo que los clientes utilicen sus propios recipientes. Los mercados agrícolas y la agricultura apoyada por la comunidad (CSA, por sus siglas en inglés) también son buenas opciones. Y al comprar de forma local y en temporada también reducimos formas invisibles de residuos, como la energía gastada en la producción, el procesamiento y el transporte. Como no todo el mundo tiene acceso a tiendas que ofrezcan alimentos y productos a granel, si están a tu alcance, haz todo lo posible por apoyarlas.

ESTABLECE RELACIONES CON TENDEROS, AGRICULTORES Y DEPENDIENTES. El escritor Michael Pollan llama a esto «estrechar la mano que te da de comer». Ya compres en tiendas de comestibles o en mercados de agricultores, adquirir alimentos tratando de minimizar los residuos supone una gran oportunidad para entablar relaciones con los tenderos, los agricultores y los empleados de las tiendas de tu comunidad. En función de dónde vivas, puedes ser la norma o la excepción en lo que se refiere a tu rutina y estilo de compra. Si eres un caso atípico, tal vez te toque explicar por qué deseas utilizar tu propio recipiente para el queso y la bollería. Pero, si te comportas con amabilidad y cercanía, te sorprenderá lo dispuesta que está la gente a ayudarte. Como suele decir mi suegra, la diplomacia es el fino arte de dejar que los demás se salgan con la suya.

BOLSAS REUTILIZABLES CON CORDÓN

Una de las formas más sencillas de reducir los residuos desechables en la cocina es sustituir las bolsas de plástico de la compra por otras reutilizables. Puedes comprar bolsas de tela o, en caso de que tengas algunos conocimientos de costura, puedes hacerlas tú mismo. Yo elaboro estas sencillas bolsas con cordón para comprar productos secos a granel. Aunque el material ideal sería la muselina, también puedes reutilizar fundas de almohada o sábanas viejas y ligeras si las tienes.

La mayoría de las bolsas que se venden hoy en día tienen una etiqueta con la tara (peso en vacío, véase la página 4) cosida de forma conveniente en la costura. Si te fabricas tus propias bolsas, te sugiero que las lleves al mostrador de atención al cliente de tu supermercado y les pidas que te las pesen. Puedes escribir la tara en la bolsa con un rotulador permanente o apuntarla en la sección de notas de tu móvil. Si todas están hechas de la misma tela y son más o menos del mismo tamaño, solo tendrás que recordar una tara, lo que hará que tu paso por caja resulte rápido y fácil.

MATERIALES

Tejido de muselina de algodón *Máquina de coser*
Plancha *Hilo*
Cinta métrica *1,5 m de cordón*
Tijeras *Imperdible*

INSTRUCCIONES

1. Lava, seca y plancha la tela.

2. Para una bolsa grande, recorta un rectángulo de 28 por 74 centímetros. Para una mediana, recorta un rectángulo de 23 por 63,5 centímetros.

3. Marca 1,30 centímetros desde los extremos superior e inferior (cortos) de la tela. Dóblala a lo largo de estas marcas, plánchala y cósela. Estos serán los dobladillos.

4. Marca 2,5 centímetros desde dichos extremos cortos en los que has hecho el dobladillo, dobla la tela, plánchala en su sitio y cósela. Estas serán las jaretas, los huecos por donde pasa el cordón.

continúa

5. Dobla la tela por la mitad, juntando los bordes cortos, con los lados derechos enfrentados y los dobladillos hacia fuera. Presiona a lo largo del pliegue.

6. Cose alrededor de la bolsa, dejando un margen de costura de 1,30 centímetros. Asegúrate de empezar y terminar por debajo de la jareta superior que has creado para el cordón.

7. Dale la vuelta a la bolsa.

8. Corta 2 trozos de cordón, cada uno del doble de la anchura de tu bolsa más 20 centímetros. La longitud del cordón para la bolsa grande sería de 75 centímetros. La longitud del cordón para la bolsa mediana sería de 66 centímetros.

9. Sujeta un imperdible al extremo de un trozo de cordón. Empezando por un lado, pásalo por ambas jaretas hasta que salga por el mismo lado por el que lo introdujiste.

10. Engancha un imperdible al otro trozo de cordón y pásalo por las mismas jaretas, pero en sentido contrario (empezando y terminando en el otro lado).

11. Ata los extremos sueltos del cordón. Tira de cada lado para cerrar la bolsa.

ENVOLTORIOS CASEROS DE CERA DE ABEJA

Los envoltorios de cera de abeja llegaron al mercado hace unos años, proporcionando una alternativa brillante y sostenible a los desechables de plástico y al papel de aluminio. Si los has usado, sabrás que básicamente consisten en una lámina de tela con cera de abeja que puedes moldear alrededor de los alimentos. Se pueden usar para cubrir cuencos y platos, aislar el pan en fermentación, guardar partes de frutas y verduras, envolver bocadillos… Este revestimiento de cera protege los alimentos de la humedad y a la vez les permite respirar. Al igual que sucede con las bolsas para verduras, tienes la opción de comprarlas o hacerlas tú mismo. Véase la página 128 para obtener más información sobre cómo comprar y trabajar con cera de abeja. **Haremos tres envoltorios, uno pequeño, uno mediano y uno grande.**

MATERIALES

Tejido 100 % algodón
Plancha
Tijeras o tijeras dentadas
Cinta métrica
¼ de taza de resina de pino en polvo
¼ de taza de cera de abeja rallada
4 cucharaditas de aceite de jojoba

Pincel especial
Papel de horno
Papel vegetal compostable
Pinzas de cocina
Periódicos usados
Pinzas para tender la ropa y tendedero

INSTRUCCIONES

1. Lava, seca y plancha la tela. Recorta 3 cuadrados: de 20 por 20 centímetros, 28 por 28 centímetros y 35 por 35 centímetros. Para obtener un borde limpio y evitar que se deshilache, puedes utilizar tijeras dentadas, aunque no es necesario.

2. Precalienta el horno a 100 °C.

3. En un cuenco, mezcla la resina de pino, la cera de abeja y el aceite de jojoba.

4. Forra una bandeja de horno con papel de horno compostable y coloca sobre ella un cuadrado de tela. Sobre esta, esparce ⅓ de la mezcla de cera de modo uniforme.

continúa

Envoltorios caseros de cera de abeja, continuación

5. Hornea de 10 a 12 minutos, hasta que la mezcla de cera se haya derretido.

6. Retira la bandeja del horno y extiende el compuesto resultante con el pincel uniformemente sobre la tela. (La cera de abeja se pegará al pincel, así que asegúrate de utilizar uno que no te importe reservar para futuros proyectos con cera de abeja).

7. Vuelve a meter la bandeja en el horno durante un par de minutos para que la cera se derrita de un modo homogéneo.

8. Retira la bandeja del horno. Levanta la tela con unas pinzas de cocina y deja que el exceso de cera de abeja gotee sobre el papel de horno. Coloca papel de periódico debajo para recoger el goteo y cuelga el envoltorio de cera de abeja en el tendedero para que se seque y se enfríe.

9. Repite la operación con los cuadrados de tela restantes.

MODO DE EMPLEO: Utiliza la presión y el calor de tus manos para moldear el envoltorio alrededor de alimentos y recipientes. Para limpiarlos, lávalos a mano en agua fría con jabón suave. Una vez gastados los envoltorios, haz un juego nuevo y tira los viejos al compost.

FUNDAS DE TELA REUTILIZABLES PARA RECIPIENTES

Si queremos evitar el papel de aluminio, el envoltorio de plástico y el papel encerado, podemos utilizar fundas de tela para recipientes para mantener los productos consumibles protegidos y libres de contaminantes. Además, son una forma ideal de reutilizar los retales. A mí me gusta hacerlas de distintos tamaños: las pequeñas son estupendas para tapar tarros de cristal, mientras que las grandes pueden usarse para cubrir cuencos, ollas o vasijas. Si te preguntas si son fáciles de limpiar, la respuesta es... ¡sí, sí, sí! Si no están muy sucias, puedes lavarlas a mano en el fregadero; de lo contrario, métetelas en la lavadora, en agua fría, y déjalas secar al aire.

MATERIALES

Retales de algodón   *Tijeras*
Plancha   *Alfileres*
Cuenco o tarro   *Máquina de coser*
Regla   *Cordón elástico de 6,35 mm de ancho*
Lápiz para marcar tela   *Imperdible*

INSTRUCCIONES

1. Lava, seca y plancha la tela. Colócala plana sobre una mesa.

2. Elige el cuenco o el tarro para el que quieras hacer una tapa y ponlo boca abajo encima de la tela.

3. Marca un círculo alrededor del cuenco aproximadamente 5 centímetros más ancho que la circunferencia del cuenco. Recorta el círculo.

4. Dobla los bordes de la tela aproximadamente 2,5 centímetros hacia el revés de la tela a fin de realizar la jareta para que pase el elástico. Al doblarla, la funda formará los pliegues de forma natural.

5. Sujeta la jareta con alfileres para coserla, asegurándote de incluir los pliegues. Plancha el pliegue para facilitar la costura.

6. Con una puntada recta, cose a lo largo del borde de la jareta. Hazlo lo más cerca posible del borde de la tela, dejando una abertura sin coser de entre 2,5 y 5 centímetros para el elástico.

7. Para determinar la longitud del elástico, mide el perímetro exterior del cuenco, unos 2,5 centímetros más abajo del borde del cuenco. Corta el elástico a la medida.

8. Coloca un imperdible en un extremo del elástico. Pásalo por la jareta, empezando por un lado de la abertura.

9. Una vez que hayas pasado el elástico a través de la jareta, solapa los extremos del elástico aproximadamente 6,35 milímetros y cóselos 4 o 5 veces.

10. Cose la abertura de la funda del cuenco y recorta el hilo sobrante.

CÓMO HACER TELAS *FUROSHIKI* Y ENVOLVER CON ELLAS

El *furoshiki* es el arte japonés de envolver y transportar todo tipo de objetos. Esta técnica no solo nos ofrece una alternativa versátil y libre de residuos al uso de bolsas desechables para transportar comida, botellas y otros objetos, sino que también es una forma sencilla y sostenible de envolver un regalo. Lo único que necesitas es un trozo cuadrado de tela con los bordes rematados. Además, las telas *furoshiki* están disponibles en una amplia gama de tamaños, materiales y diseños, y se pueden atar de mil maneras utilizando nudos y pliegues sencillos. Son fáciles de hacer, pero tal vez lo que más me convence a mí del *furoshiki* es que, dependiendo de lo que necesites envolver, puedes reutilizar retales de tela, sábanas viejas y cualquier otro tejido «anudable» que encuentres en tu alijo personal o en la tienda de segunda mano que te quede cerca. Para hacer una tela *furoshiki*, simplemente corta la tela en un cuadrado (el tamaño más habitual es de 43 por 43 centímetros), remata los bordes con la máquina de coser o con unas tijeras de podar, plancha la tela acabada y átala siguiendo una de las técnicas que se indican a continuación.

ENVOLTORIO BÁSICO

 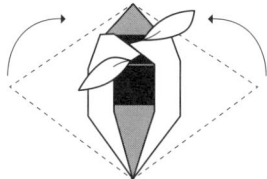 

1. Coloca el objeto que quieras envolver en el centro de la tela *furoshiki*.

2. Lleva 2 esquinas opuestas del cuadrado al centro y haz un nudo con ellas.

3. Lleva las 2 esquinas opuestas restantes al centro y haz un nudo con ellas por encima del primero.

continúa

ENVOLTORIO PARA BOTELLAS

 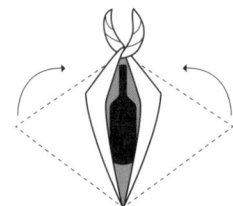  

1. Coloca una botella en el centro de la tela *furoshiki*.

2. Junta 2 esquinas opuestas del cuadrado por encima de la botella y haz un nudo con los extremos largos.

3. Retuerce estos extremos largos y luego haz un nudo con ellos por encima del primero para crear un asa.

4. Haz un nudo con las 2 esquinas opuestas restantes en la parte delantera de la botella.

ENVOLTORIO PARA LLEVAR COMO BOLSO DE MANO

 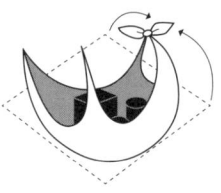 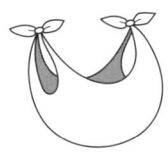 

1. Coloca los objetos en el centro de la tela *furoshiki*.

2. Junta 2 esquinas del mismo lado y haz un nudo con ellas.

3. Junta las otras 2 esquinas y haz un nudo con ellas.

4. Une las 2 asas para crear una bolsa que pueda llevarse como un pequeño bolso de mano.

BOLSAS DE BASURA DE PAPEL DE PERIÓDICO

Si el compostaje va bien, suelo pasar semanas sin necesitar una bolsa de plástico. Tiro los residuos «húmedos» al cubo de compostaje y los secos a un cubo de basura de 4 litros previamente forrado con papel de periódico. Cuando he llenado esta bolsa de papel de periódico, la pongo en un cubo de basura exterior para que la recojan en la acera. Para hacer una necesitarás tres hojas de periódico.

INSTRUCCIONES

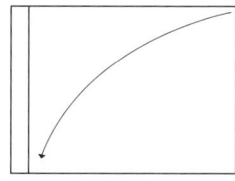 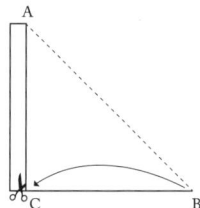 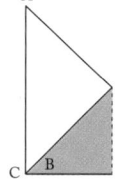 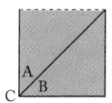

1. Despliega y apila las hojas de periódico.

2. Dobla 1 esquina hacia abajo para formar un triángulo. Corta la tira de papel sobrante.

3. Dobla el punto B hacia el punto C y haz un pliegue.

4. Dobla el punto A hacia los puntos B y C y haz otro pliegue. Así te quedará un cuadrado.

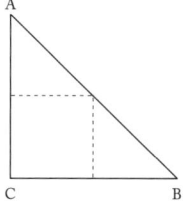 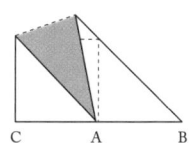 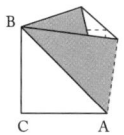 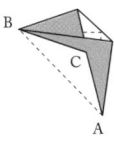

5. Desdobla los 2 últimos pliegues para volver a tener un triángulo.

6. Dobla el punto A para que se encuentre con el punto medio del lado opuesto. El punto A tocará el inicio del pliegue de ese lado.

7. Dobla el punto B hasta que se encuentre con el punto medio del lado opuesto. El punto B tocará el inicio del pliegue de ese lado.

8. Separa los 2 lados (3 capas cada uno) en el punto C y dobla cada lado hacia la parte inferior del forro.

CÓMO REDUCIR EL DESPERDICIO DOMÉSTICO DE ALIMENTOS

Según Dana Gunders, autora del *Waste-Free Kitchen Handbook* [Manual de cocina sin desperdicios], en Estados Unidos, el 40% de los alimentos no se consumen y una familia media de cuatro miembros tira a la basura el equivalente de hasta 2.275 dólares anuales. De media, eso equivale a unos 180 kilos de comida por persona al año. ¿Adónde va a parar esta? Pues, por desgracia, a los vertederos, donde constituye el componente más importante de los residuos sólidos y una gran parte de las emisiones de gas metano. Aunque unas soluciones eficaces a gran escala siempre requerirán que se impliquen las empresas y los gobiernos, los consumidores podemos hacer mucho para ayudar. De hecho, la mayor fuente de residuos alimentarios procede de nuestros hogares, que generan más que las tiendas de comestibles, los restaurantes y casi cualquier otro eslabón de la cadena de suministro. A continuación te detallo algunos consejos para reducir el desperdicio de alimentos en los hogares.

PLANIFICA LAS COMIDAS Y COMPRA CON INTELIGENCIA. Hazte un plan de comidas, ve a la compra llevándote una lista y evita caer en caprichos y falsas ofertas que te animen a comprar cosas que en realidad no necesitas.

ORDENA Y HAZ INVENTARIO ANTES DE COMPRAR. Mantén la despensa, el frigorífico y el congelador organizados y ordenados de modo que te resulte fácil ver qué es lo que tienes. Haz inventario de tus productos secos, frutas, verduras y especias. Si puedes, limpia el frigorífico antes de hacer la compra para saber qué necesitas de verdad. Una forma rápida de hacer inventario es guardar los productos secos en tarros y recipientes de cristal transparente.

ENTIENDE BIEN LAS ETIQUETAS DE LAS FECHAS. Toma las fechas de caducidad como directrices aproximadas y no como reglas inquebrantables. Las etiquetas de fecha de caducidad no son normas gubernamentales, sino más bien estimaciones de los fabricantes para garantizar la máxima calidad y frescura. Infórmate sobre los indicadores de deterioro de determinados alimentos, de modo que puedas valerte de tu propia impresión para saber si estos aún son comestibles antes de tirarlos.

COMPRA Y SIRVE RACIONES PEQUEÑAS Y GUARDA Y COME LAS SOBRAS. Una parte importante de los residuos domésticos la representan las raciones grandes y las sobras que no consumimos. Sé realista al hacer la compra y adquiere solo lo que creas que de verdad vas a utilizar. Cuando cocines o cuando comas en restaurantes, sirve o pide raciones pequeñas. Reutiliza las sobras en nuevas comidas.

ALMACENA DE FORMA CORRECTA LA FRUTA Y LA VERDURA. Sigue los consejos de la página 22 para conservar la fruta y la verdura, a fin de prolongar su frescura y evitar que se estropeen.

UTILIZA EL CONGELADOR. Una forma de conservar y evitar que se estropeen los alimentos es congelarlos. Casi todo se puede congelar, incluida la mantequilla, el queso, la carne, las verduras, las frutas, los frutos secos y los productos de panadería.

PREVÉN EL DETERIORO. Convierte los productos y la carne que se estén estropeando o envejeciendo en caldos, salsas o guisos que puedas congelar.

GUARDA UN TARRO DE CALDO EN EL CONGELADOR. Añade sobras de verduras a un tarro que guardes en el congelador. Cuando esté lleno, prepara caldo (véase la página 32).

FERMENTA O ENLATA ALIMENTOS. Aprende formas antiguas de conservar frutas y verduras, como fermentarlas o enlatarlas (véase la página 25).

COMPARTE ALIMENTOS. Reparte los excedentes de comida —cocida, cruda o cultivada en tu huerto— entre amigos, familiares, compañeros de trabajo y vecinos. Esto ayuda tanto a evitar el despilfarro como a crear comunidad.

COMPRA PRODUCTOS IMPERFECTOS. Apoya a los agricultores, las tiendas de comestibles, los mercados y las empresas que venden productos imperfectos. Compra esas frutas y verduras que habitualmente consideramos «feas», esas que nos pueden parecer demasiado pequeñas o grandes, deformes, magulladas o descoloridas, pero que en cualquier caso son seguras y nutritivas.

HAZ COMPOST CON LOS RESTOS DE COMIDA O DÁSELOS DE COMER A LAS GALLINAS DEL CORRAL. En lugar de tirar los restos de comida al cubo de la basura, considera la posibilidad de compostarlos mediante algún programa municipal existente al respecto o utiliza tu propio sistema de compostaje doméstico (véase la página 215). En caso de que tengas gallinas, dales de comer los restos y deja que te ayuden a reducir los residuos.

PRACTICA LA COCINA DE CIRCUITO CERRADO. Evita el desperdicio de alimentos utilizando frutas y verduras, o partes de ellas, que a menudo pasamos por alto y desechamos. Por ejemplo, usa la pulpa sobrante de hacer zumo para hornear galletas saladas (véase la página 64) o la parte superior de las zanahorias para elaborar pesto (véase la página 248).

CÓMO CONSERVAR LA FRUTA Y LA VERDURA

A continuación te daré algunas pautas para conservar la fruta y la verdura de forma que prolongues su frescura sin utilizar bolsas ni envoltorios de plástico. Puedes invertir en materiales de almacenamiento especiales, como bolsas de silicona, envoltorios de cera de abeja y fundas de tela ajustadas, o puedes utilizar los recipientes y las toallas que ya tengas.

Antes de entrar en detalle sobre cómo conservar cada fruta y verdura, conviene saber algo sobre tu frigorífico. Para obtener resultados óptimos, la temperatura debe ser igual o ligeramente inferior a 4,5 °C. Asimismo, la mayoría de los frigoríficos disponen de unos cajones de verduras que, como su propio nombre indica, son compartimentos específicamente diseñados para guardarlas. Las verduras suelen conservarse mejor en un cajón con mucha humedad, mientras que las frutas aguantan más tiempo en un entorno más seco. Por este motivo, muchos frigoríficos tienen dos compartimentos separados marcados a tal efecto. Si en tu nevera no está señalado, puedes convertir un cajón en uno de alta humedad asegurándote de que siempre esté bien cerrado y hacer que el otro sea uno de baja humedad dejándolo ligeramente entreabierto. Si lo que deseas es preservar la fruta y la verdura durante más tiempo, también puedes conservarlas en el congelador (véase la página 25).

FRUTAS

AGUACATES. Colócalos en la encimera. Para detener la maduración, mételos en el frigorífico.

BAYAS. Lávalas solo cuando vayas a utilizarlas. Los arándanos puedes guardarlos en un cuenco o en un recipiente tapado en un estante del frigorífico. Las moras, las frambuesas y las fresas colócalas en un plato (preferiblemente en una sola capa, sin amontonarlas) y guárdalas en un estante del frigorífico; si te resulta necesario apilar las capas, coloca un paño húmedo entre una y otra. Consúmelas en un par de días.

CEREZAS. Lávalas solo cuando vayas a comerlas. La mayoría de las veces se venden maduras y deben refrigerarse enseguida en un recipiente hermético.

CÍTRICOS. Guárdalos sueltos en el cajón de la nevera con poca humedad.

DÁTILES. Colócalos en un recipiente hermético en el frigorífico.

FRUTAS DE HUESO (ALBARICOQUES, NECTARINAS, MELOCOTONES, CIRUELAS). Lávalas solo cuando vayas a comerlas. Si no están maduras, colócalas en la encimera a temperatura ambiente. Una vez maduras, refrigéralas en el cajón de verduras a baja humedad.

FRUTAS TROPICALES (MANGOS, PAPAYAS, PIÑAS). Si no están maduras, colócalas enteras en la encimera a temperatura ambiente. Una vez maduras, guárdalas sueltas en un estante del frigorífico o en el cajón de verduras de baja humedad.

HIGOS. Lávalos solo cuando vayas a consumirlos. Guárdalos en un recipiente sin tapar en un estante del frigorífico.

MANZANAS. Lávalas solo cuando vayas a consumirlas. Antes, puedes guardarlas en un lugar fresco hasta 2 semanas. Para una conservación más prolongada, almacénalas en el frigorífico.

MELONES. Si no están maduros, colócalos enteros sobre la encimera en un lugar fresco y seco. Una vez maduros, guárdalos en un estante del frigorífico. Si están cortados, refrigéralos en un recipiente hermético con independencia de su madurez.

PERAS. Lávalas solo cuando vayas a comerlas. Si están firmes y aún verdes, colócalas en la encimera. Si están blandas y maduras, refrigéralas en el cajón de la nevera con poca humedad.

PLÁTANOS. Colócalos en la encimera a temperatura ambiente, lejos de otras frutas. Una vez maduros, guárdalos en el frigorífico.

UVAS. Lávalas solo cuando vayas a comerlas. Guarda los racimos sin lavar en una bolsa de papel en un estante del frigorífico.

VERDURAS

AJOS. Si no están pelados, guárdalos en un lugar fresco y oscuro. Si lo están, guárdalos en un recipiente hermético en el frigorífico.

APIO. Recorta los extremos y pon los tallos en posición vertical en un tarro de cristal en el que haya de 2,5 a 5 centímetros de agua en un estante del frigorífico o guárdalos en una bolsa transpirable en el cajón de verduras de alta humedad.

BRÓCOLI. Lávalo solo cuando vayas a utilizarlo. Guárdalo en el frigorífico en una bolsa transpirable o envuélvelo en una toalla húmeda y consérvalo en el cajón de verduras de alta humedad.

CALABAZAS DE VERANO. Lávalas solo cuando vayas a utilizarlas. Guárdalas en una bolsa transpirable en el cajón de la nevera. Una vez cortada, envuélvela en una toalla húmeda y sigue guardándola en el cajón de alta humedad.

CEBOLLAS. Colócalas en un lugar fresco, oscuro y bien ventilado. Los sacos o cestas colgantes funcionan bien porque favorecen la ventilación. Mantenlas alejadas de las patatas: ¡las cebollas favorecen su germinación!

ESPÁRRAGOS. Recorta los extremos y pon los tallos en posición vertical en un tarro de cristal en el que haya de 2,5 a 5 centímetros de agua o envuélvelos en un paño húmedo y guárdalos en el cajón de la humedad alta.

HIERBAS. Prepara las hierbas (excepto la albahaca) como un ramo de flores. Recorta los tallos y pon los ramitos en un vaso de agua; guárdalos en el frigorífico. Respecto a la albahaca, consérvala en un recipiente hermético, sin apretar, con un paño húmedo.

JENGIBRE. Guárdalo suelto o en un recipiente hermético en el frigorífico.

JUDÍAS VERDES Y GUISANTES. Guárdalos en una bolsa transpirable en el cajón de verduras de alta humedad.

MAZORCA DE MAÍZ. Cómela inmediatamente, si es posible, ya que no se mantiene fresca mucho tiempo. Si no puedes consumirla enseguida, guárdala, aún con las hojas, en una bolsa de papel húmeda dentro de una bolsa de silicona más grande en el cajón de verduras de alta humedad.

PATATAS Y CALABAZAS DE INVIERNO. Colócalas en una cesta abierta en una zona fría, seca y bien ventilada. A ser posible, separadas de las cebollas.

PEPINOS. Colócalos en la encimera o envuélvelos en un paño húmedo y guárdalos en una bolsa transpirable para frutas y verduras en el cajón de verduras de alta humedad.

PIMIENTOS. Guárdalos en una bolsa transpirable en el cajón de verduras de baja humedad.

REMOLACHAS. Retira las hojas verdes, dejando un tallo de 2 o 3 centímetros en la raíz. Guarda por separado las raíces y las hojas en bolsas transpirables en el cajón de verduras de alta humedad. Lávalas solo cuando vayas a consumirlas.

SETAS. Lávalas solo cuando vayas a utilizarlas. Guárdalas en una bolsa de papel en el cajón de verduras o en un estante bajo.

TOMATES. Si no están cortados, colócalos en la encimera a temperatura ambiente, protegidos de la luz solar. Una vez cortados, guárdalos en el frigorífico hasta 3 días.

VERDURAS DE HOJA VERDE. Lávalas solo cuando vayas a utilizarlas. Quítales las gomas elásticas, envuélvelas en una toalla húmeda y guárdalas en el cajón de verduras de alta humedad.

VERDURAS PARA ENSALADA. Lávalas solo cuando vayas a utilizarlas. Colócalas en posición vertical en un vaso de agua sobre la encimera o envuélvelas en un paño húmedo y guárdalas en el cajón de verduras de alta humedad.

ZANAHORIAS. Recorta las hojas, dejando un tallo de 2 o 3 centímetros. Guárdalas en una bolsa transpirable en el cajón de verduras de alta humedad o sumergidas en agua en un recipiente de cristal herméticamente cerrado. Conserva las hojas en una bolsa transpirable en el cajón de verduras de alta humedad. Lávalas solo cuando vayas a utilizarlas.

CÓMO CONSERVAR LOS ALIMENTOS

Cuando era pequeña, mi abuela siempre preparaba la comida del domingo para toda la familia. En aquella época, no sabía valorarlo, pero ahora me impresiona que pudiera hacer algo así. No solo nos acogía a toda una manada, semana tras semana, sino que también se aseguraba de que al menos parte de la comida que se servía en la mesa procediera de lo que cultivaba en el patio trasero junto con mi abuelo. No es que su huerto fuera grande, ni mucho menos, pero ella sabía cómo conservar la cosecha de forma que pareciera que poseía una plantación razonable. ¿Te imaginas poder comer crema de maíz y judías verdes frescas en diciembre? ¡Pues nosotros lo hacíamos! Algo que, sin duda, debíamos agradecer a los antiguos métodos para preservar los productos. Mi abuela congelaba mucho, que es la forma más fácil de conservar los alimentos, mientras que mi bisabuela recurría más al enlatado, el encurtido y la fermentación.

La gente lleva milenios conservando alimentos. Por suerte, hay muchas formas de llevarlo a cabo, y gran parte de ellas son mucho más sencillas de lo que podrías pensar. Si te sientes intimidado por las técnicas y el equipo que te hará falta para conservar alimentos, recuerda que, en caso de que uses habitualmente una nevera o un congelador —algo que seguro que haces—, ¡ya vas por el buen camino! Cada vez que guardas productos frescos, leche, huevos o yogures en el frigorífico, o la sopa de anoche en el congelador para tomarla otro día, en realidad estás practicando la conservación a corto plazo. Y poner en práctica métodos a más largo plazo tampoco es que sea mucho más difícil. Si lo piensas un poco, te darás cuenta de que la conservación con frecuencia consiste sencillamente en envasar verduras en un tarro y cubrirlas con salmuera o embotellar sopa en frascos de cristal y colocarlos de forma ordenada en el congelador. A continuación, te resumo algunos de los métodos más comunes.

CONGELAR. Es la forma más fácil y común de evitar el desperdicio de alimentos y guardarlos para otro día. Además, es bastante versátil, pues la congelación no solo sirve para conservar alimentos a corto o largo plazo, sino que existen muy pocos que no respondan bien a este método. Si pretendes guardar algo poco tiempo —digamos, por ejemplo, las sobras que piensas utilizar unos días después, esa misma semana—, la preparación y el almacenamiento son bastante sencillos. Pero, si lo que deseas es conservar un alimento a largo plazo, hay que hacer algo más que colocarlo en un recipiente y meterlo en el congelador, así que te daré algunos consejos:

- **ESCALDA LA FRUTA Y LA VERDURA.** Para que tanto frutas como verduras mantengan su calidad, lo mejor es escaldarlas antes de congelarlas. El proceso es sencillo: cuécelas en agua hirviendo de 2 a 5 minutos y luego sumérgelas en un baño de agua helada para que se detenga el proceso de cocción. Como esto tarda más en ocurrir en unos alimentos que en otros, la mejor técnica es probar la pieza cada 30 segundos para ver si está hecha. Simplemente saca un trocito (una zanahoria o una judía verde, por ejemplo), sumérgelo en el cuenco de agua helada y pruébalo. Sigue haciendo esto cada 30 segundos hasta que la fruta o verdura esté cocida a tu gusto.

- **CONGELA SUELTAS LAS FRUTAS DELICADAS.** Para evitar que las bayas se congelen juntas formando una gran pasta helada, colócalas en una sola capa sobre una bandeja de horno con reborde, métalas en el congelador durante 1 hora y luego pásalas a un recipiente de cristal o a una bolsa de silicona reutilizable de esas con cierre de cremallera.

- **RECOGE LOS RESTOS PARA EL CALDO.** Guarda en el congelador un tarro, una bolsa de papel o un envase de silicona para recoger ingredientes para el caldo. Echa huesos, cáscaras de cebolla, tallos de apio, recortes de zanahoria, lo que quieras. Cuando tengas bastante, puedes hacer un caldo (véase la página 32) y congelarlo también.

- **UTILIZA LOS RECIPIENTES CORRECTOS.** Si quieres evitar el plástico, puedes usar tarros de cristal o envases de silicona reutilizables. Para evitar que los tarros de cristal se rompan al congelarlos, sírvete de unos de boca ancha con bordes rectos (en lugar de cónicos); vierte en ellos la comida solo una vez que esta se haya enfriado; deja de 3 a 5 centímetros de espacio libre para permitir la expansión propia del congelado y tapa el tarro sin apretarlo mucho hasta que la comida se congele, luego ciérralo herméticamente.

- **HAZ PORCIONES CON CUBITERAS.** Las cubiteras son una forma cómoda de congelar pequeñas porciones de alimentos. Puedes verter en ellas salsas, caldo, puré de verduras o hierbas picadas en aceite de oliva; congélalas y, una vez se hayan solidificado, sácalas y guarda los cubitos en tarros de cristal o en bolsas de silicona.

ENLATAR. Para enlatar de forma casera, colocamos los alimentos en tarros y los calentamos (ya sea al baño maría o en una envasadora a presión) tanto para destruir los microorganismos dañinos que provocan su deterioro como para crear un sello hermético que impida que se contaminen. En función de la acidez del alimento que se quiera conservar, se requieren técnicas de procesado, tiempos y temperaturas específicos. La mayoría de los alimentos enlatados comunes —mermeladas, jaleas, encurtidos, tomates o fruta— precisan un equipo sencillo del que quizá ya dispongas: tarros de conserva, cierres metálicos de 2 piezas y 1 envasadora u olla grande para contener y procesar los tarros. En el caso de los alimentos de baja acidez, al igual que en el de la mayoría de las verduras, sí es necesaria una envasadora a presión. Si te interesa hacer conservas, te recomiendo que empieces con el método del baño maría (¡y que invites a participar en él a tus amigos!). Unos alimentos adecuadamente enlatados de forma casera pueden conservarse en tu despensa hasta un año y se cree que su valor nutritivo es similar al de las verduras frescas.

ENCURTIR Y FERMENTAR. Tanto el encurtido como la fermentación son técnicas antiguas de conservación de alimentos. «Encurtir» es un término genérico que puede describir cualquier método que conserve los alimentos sumergiéndolos en una solución ácida. Aunque, al hablar de encurtidos, la mayoría de la gente se refiere a pepinillos en vinagre. De hecho, los pepinillos kosher que se ven en los estantes de los supermercados se procesan de este modo. Fermentar es encurtir utilizando ácido láctico como medio ácido. En el proceso de fermentación, unas bacterias llamadas lactobacilos convierten los almidones y los azúcares de los alimentos en ácido láctico, que es precisamente lo que da a los alimentos fermentados su sabor agrio. De forma similar a lo que sucede con el encurtido, la fermentación impide la proliferación de bacterias perjudiciales; ambos procesos se diferencian en que la fermentación además fomenta la proliferación de bacterias buenas y sanas. En este sentido, los alimentos fermentados son alimentos vivos, que solemos alabar por ayudarnos a mejorar la salud digestiva. Algunos ejemplos de alimentos fermentados son el chucrut, el kimchi, el pan de masa madre, la kombucha, el kéfir, el yogur y el miso. Algunos encurtidos también son fermentados. Si prefieres comprar alimentos fermentados en lugar de elaborarlos, asegúrate de que estos no hayan sido pasteurizados, ya que mediante ese proceso se eliminan los cultivos que nos ayudan a fortalecer el intestino. Para fermentar frutas y verduras no es necesario un equipo especial, aunque seguramente tenerlo facilitará tu labor. Sea como sea, necesitarás tarros de cristal o vasijas de cerámica para contener los alimentos que quieras fermentar. También puedes comprar unas tapas de esclusa para permitir la salida de los gases de fermentación y pesos de fermentación para mantener los alimentos sumergidos bajo la salmuera, algo que te ayudará a que no se forme moho.

DESHIDRATAR. Deshidratar o secar los alimentos es una de las formas más antiguas y sencillas de conservarlos. Cuando eliminamos el agua o la humedad estamos impidiendo la proliferación de bacterias, levaduras y mohos, ralentizando las reacciones enzimáticas que tienen lugar en los alimentos, lo que evita que estos se estropeen. Para que todo salga bien necesitaremos calor, aire seco y que este circule. Aunque tradicionalmente muchos alimentos se secaban al sol, en la actualidad usar el horno o el deshidratador resulta más seguro, rápido y cómodo. En líneas generales, el horno o el deshidratador debe mantenerse a unos 60 °C. Aunque yo no suelo comprar muchos utensilios de cocina extravagantes e innecesarios, el deshidratador de alimentos me resulta indispensable, en especial en verano, cuando mi jardín rebosa de hierbas que prácticamente me están pidiendo que las coseche, deshidrate y almacene para elaborar tisanas, ungüentos, tinturas y otras recetas y remedios.

USOS CREATIVOS DE LOS POSOS DEL CAFÉ

El café no solo sirve para despertarte por la mañana. Antes de tirar los posos usados a la basura, considera la posibilidad de darles una segunda vida en el jardín, en casa o elaborando productos para el baño y el cuerpo. A continuación te cuento para qué me gusta a mí usarlos:

REPELER LAS PLAGAS DEL JARDÍN. Espolvoréalos de forma generosa alrededor de las plantas o en el perímetro del jardín y así disuadirás a plagas de hormigas, babosas y caracoles.

ATRAER A LOS GUSANOS. Echa los posos en la tierra y atraerás a estos pequeños ayudantes del jardín.

AUMENTAR EL COMPOST. Añade los posos de café, con el filtro también, directamente al montón de compost. Al ser ricos en nitrógeno, los posos constituyen una materia verde excelente.

FERTILIZAR LAS PLANTAS. Si quieres hacer abono, mezcla los posos de café usados con recortes de hierba muerta, hojas marrones o paja seca y esparce la mezcla alrededor de plantas ácidas como azaleas, hortensias, rododendros y rosas.

PONER EN MARCHA LAS SEMILLAS DE ZANAHORIA Y RÁBANO. Si deseas duplicar la cosecha, mezcla los posos de café usados con semillas de zanahoria y rábano antes de plantar estas.

HACER JABÓN DE JARDINERO. Para hacer un jabón exfoliante, funde una pastilla de jabón de glicerina, añade $\frac{1}{3}$ de taza de posos de café, mezcla bien y vierte en un molde de jabón.

DESODORIZAR LA NEVERA. Si quieres neutralizar los olores de los alimentos, llena un tarro con posos de café usados y colócalo, destapado, en la parte trasera del frigorífico.

DESODORIZAR LAS MANOS. Cuando hayas acabado de cortar ajos o cebollas, frótate las manos con los posos de café usados para eliminar los olores.

LIMPIAR LOS UTENSILIOS Y LA BATERÍA DE COCINA. Espolvorea posos de café usados en un cepillo de fregar y utilízalos como abrasivo para eliminar la comida pegada a ollas, sartenes y utensilios.

ELIMINAR LAS BOLSAS Y OJERAS. Recoge unos posos que ya se hayan enfriado con los dedos y aplícatelos en la zona de las ojeras. La cafeína contrae los vasos sanguíneos, extrae el exceso de humedad y elimina las ojeras y las bolsas.

ELIMINAR LA ACUMULACIÓN DE PRODUCTOS EN EL PELO. Antes de echarte champú, masajéate el cabello con un puñado de posos de café para eliminar los residuos del champú, el acondicionador y otros productos de cuidado capilar.

CÓMO REUTILIZAR CÁSCARAS DE HUEVO

Uno de los restos de comida con un potencial de reutilización ilimitado es la cáscara de huevo. A continuación te detallo para qué me gusta a mí usarlas:

DISUADIR A LAS PLAGAS DEL JARDÍN. Esparce cáscaras de huevo trituradas por el jardín para ahuyentar a las babosas y los caracoles. Machácalas hasta hacerlas polvo y disemínalas sobre las plantas para espantar a los escarabajos.

DAR BRILLO A LA ROPA BLANCA. Mete las cáscaras de huevo en una bolsa de malla o de muselina, átala bien con una cuerda o cordel y añádela a la lavadora cuando vayas a lavar la ropa blanca.

POTENCIAR EL COMPOST. Echa cáscaras de huevo en el compost para añadir calcio y otros oligoelementos a la mezcla.

ALIMENTAR A LAS GALLINAS. Dales de comer cáscaras de huevo a tus gallinas como suplemento de calcio. Para hacerlo, deja que se sequen durante 1 o 2 días, machácalas y mézclalas con el pienso habitual de las aves.

NUTRIR LAS PLANTAS DE INTERIOR. Llena un tarro de cristal con cáscaras de huevo trituradas, échale agua y déjalo en remojo durante unos días. A continuación, cuélalo y utiliza ese líquido para regar las plantas de interior.

INICIAR SEMILLEROS. En vez de utilizar macetas, usa cáscaras de huevo como semilleros. Agujerea el fondo de las mitades de las cáscaras de huevo, colócalas en una huevera de cartón vacía, rellena cada una de ellas con tierra para macetas y planta 1 o 2 semillas por cáscara.

FORTALECER LOS TOMATES DEL HUERTO. A fin de que no se pudra la flor en los tomates, usa un molinillo de café para machacar las cáscaras de huevo y convertirlas en un polvo fino que después espolvorearás en el hoyo antes de plantar las semillas o las tomateras jóvenes.

FREGAR OLLAS Y SARTENES. Mezcla cáscaras de huevo trituradas con agua caliente y utilízalas como abrasivo para frotar ollas y sartenes. Acláralas con agua y jabón para que queden completamente limpias.

UTILIZAR EN EL VERMICOMPOSTAJE. Pulveriza las cáscaras de huevo y échaselas a las lombrices a fin de neutralizar el pH de tu lecho de compost.

TRATAR LAS IRRITACIONES CUTÁNEAS. Remoja cáscaras de huevo en un tarro de vinagre de sidra de manzana durante un par de días y luego utiliza dicha solución para tratar el picor de la piel y pequeñas irritaciones.

UTILIZAR EN PROYECTOS ARTÍSTICOS. Pinta huevos blancos de distintos colores y luego usa sus cáscaras trituradas para crear obras de arte en forma de mosaico con pegamento, pintura y cartón.

HACER UNA MASCARILLA FACIAL REAFIRMANTE. Combina 2 cucharadas de cáscaras de huevo finamente pulverizadas con una clara de huevo y mézclalo todo hasta que se forme una pasta. Aplica esta como si fuera una mascarilla facial natural. Deja que se seque de 15 a 20 minutos y luego enjuágate con agua tibia, haciendo movimientos circulares para exfoliar la piel.

CALDO DE RESTOS DE VERDURAS

El caldo de verduras casero es un modo estupendo de aprovechar los restos de verdura y alimentos algo pasados. Cuando prepares verduras a lo largo de la semana, vete lavando y guardando los tallos, las cáscaras y las hojas y métetelos en un envase de silicona, una bolsa de papel o un recipiente de cristal. Puedes conservarlos en la nevera hasta una semana; o, también, para evitar que se estropeen, puedes guardarlos en el congelador. Cuando tengas unas cuatro tazas de restos, podrás hacer ya un caldo. Si deseas darle profundidad y sabor, puedes añadir hojas de remolacha, pimientos, judías verdes, lechuga, champiñones, chirivías, pieles de patata, cebolletas, calabaza y acelgas. Las verduras que sobran y decepcionan en un caldo son las alcachofas, los espárragos, el brócoli, las coles de Bruselas, la coliflor, los colinabos y los nabos. También deberías evitar las raíces de remolacha, ¡a menos que no te importe que el caldo te quede de un rojo brillante!

INGREDIENTES
(Para unos 2 litros)

1 cucharada de aceite de oliva, aceite de coco o mantequilla

2 cebollas grandes picadas

2 zanahorias medianas picadas

3 tallos de apio picados

1 puerro picado

5 dientes de ajo picados

8 tazas de agua

4 tazas de restos de verduras

Unos ramitos de hierbas frescas

Sal y pimienta al gusto

INSTRUCCIONES

En una olla grande, calienta el aceite a fuego medio. Añade las cebollas, las zanahorias, el apio, el puerro y el ajo y sofríelos hasta que estén tiernos. Incorpora el agua, los restos de verduras y las hierbas y llévalo a ebullición. Reduce a fuego lento, tapa parcialmente y sigue cociendo durante 1 hora aproximadamente. Vierte el caldo por un colador de malla fina en un bol grande y sazónalo con sal y pimienta; composta el contenido del colador. Deja enfriar el caldo, pásalo a tarros de cristal y guárdalo en la nevera o en el congelador. Si vas a congelar tarros de cristal, evita que se rompan dejando que el caldo se enfríe por completo, utiliza tarros de boca ancha, deja de 2 a 5 centímetros de espacio libre para que el caldo se expanda cuando se congele, tapa los tarros sin apretarlos y deja libre un poco de espacio entre los tarros en el congelador.

VINAGRE DE SIDRA CON RESTOS DE MANZANAS

El vinagre de sidra de manzana es un producto básico en un hogar ecológico. Puedes usarlo para hornear, cocinar y limpiar, además de para elaborar todo tipo de productos para el bienestar, el baño y el cuidado del cuerpo. Si te gusta utilizarlo tanto como a mí, te puede resultar caro o un derroche de dinero, sobre todo si lo compras crudo y en envases de cristal de litro. Por suerte, puedes hacerlo en casa con un coste mucho menor, o incluso gratis si eliges emplear restos de manzana en lugar de unas nuevas. Yo suelo congelar los corazones según vamos comiendo manzanas y hacer una tanda de vinagre cuando he guardado suficientes para elaborar un litro o así. Esta receta da para 2 tazas; siéntete libre de duplicarla, triplicarla o cuadruplicarla.

INGREDIENTES
(Para unos 2 litros)

3 tazas de manzanas troceadas (de 2 manzanas enteras; lávalas primero e incluye los corazones, los tallos, las cáscaras y las semillas)

2 cucharadas de azúcar (o 1 cucharada por taza de agua filtrada)

2 tazas de agua filtrada (suficiente para cubrir las manzanas)

INSTRUCCIONES

1. Llena un tarro de cristal de boca ancha, limpio y de aproximadamente un litro hasta las ¾ partes con los trozos de manzana. En otro tarro, disuelve el azúcar en el agua filtrada. Vierte el agua azucarada sobre las manzanas. Asegúrate de que queden completamente sumergidas, echando un poco más de agua si lo crees necesario. Utiliza un peso de fermentación (véase la página 241) para ello. Cubre el tarro con una estopilla o una toalla fina y transpirable de saco de harina, sujétala con una goma elástica y coloca el tarro en un lugar cálido y oscuro durante 2 semanas. Mezcla suavemente las manzanas una vez al día para airear el fermento, fomentar la actividad microbiana y evitar que aparezca moho. Si se formara una espuma parduzca en la parte superior, quítala con una cuchara.

2. Al cabo de 2 semanas, vierte el líquido a través de un colador de malla fina en un tarro de cristal de boca ancha limpio. Composta los restos de manzana. Tapa el tarro con un trozo nuevo de estopilla y sujétalo con una goma elástica. Deja que fermente de 2 a 4 semanas más. Sabrás que está listo cuando huela y sepa ácido como el vinagre. Si ves que aún no está, déjalo fermentar 1 o 2 semanas más. Cuando te convenza su sabor, tapa y guarda el vinagre en un lugar fresco y oscuro hasta que vayas a utilizarlo. Se conservará indefinidamente.

OLLA A FUEGO LENTO DE RESTOS DE COMIDA

En vez de difundir aceites esenciales o encender velas aromáticas de temporada, imagina crear un ambientador natural cociendo a fuego lento plantas aromáticas y restos de comida en una olla con agua. Cuando el agua hierve a fuego lento, no solo provoca que toda la casa huela estupendamente, sino que también aporta calor y humedad al aire, lo que resulta de lo más terapéutico durante la temporada de gripe y resfriados. A continuación te doy mi receta favorita para una olla a fuego lento otoñal, pero siéntete libre de crear tus propias mezclas utilizando aromas de temporada que se complementen entre sí. En verano, me gusta mezclar cáscaras de limón, romero y menta; en invierno, combino ramitas de pino, bayas de enebro, anís estrellado y nuez moscada. ¡Las posibilidades son infinitas!

INGREDIENTES

3 o 4 cáscaras de manzana, naranja o limón

3 gotas de extracto de vainilla o 1 vaina de vainilla

1 o 2 ramas de canela

2 o 4 vainas de anís estrellado

1 ramita de pino fresco

1 ramita de romero fresco

1 taza de lavanda seca

2 cucharadas de pimienta de Jamaica molida

1 cucharada de clavos enteros

½ cucharadita de nuez moscada molida

INSTRUCCIONES

Mezcla todos los ingredientes en una olla pequeña y cúbrelos generosamente con agua. Deja cocer a fuego lento hasta 24 horas, añadiendo agua según lo veas necesario para mantener los ingredientes sumergidos. Retira la olla del fuego cuando esté desatendida para dormir o hacer recados. Transcurridas 24 horas, cuela la mezcla y composta los restos.

NOTA: Para ahorrar energía, puedes colocar la olla sobre una estufa de leña caliente o un radiador en lugar de utilizar el fogón de la cocina.

PAN CASERO SIN AMASADO

Si te estás estrenando en esto de hacer pan, esta sencilla receta sin amasado es ideal para empezar. Se elabora con cuatro ingredientes sencillos (más algunas hierbas si te apetece) y no precisa ningún equipo ni técnica sofisticados. Lo que sí requiere es cierto tiempo de espera —unas veinticuatro horas para que suba y fermente—, pero tu paciencia se verá recompensada con un pan deliciosamente crujiente, de sabor complejo e interior esponjoso.

INGREDIENTES
(Para 1 hogaza)

3 tazas de harina común

1 cucharadita de levadura seca activa

2 cucharaditas de sal

1$^2\!/_3$ tazas de agua templada (45 °C)

1 cucharada de hierbas frescas picadas (opcional)

INSTRUCCIONES

1. En un bol grande, mezcla la harina, la levadura y la sal. Añade poco a poco el agua y las hierbas (en caso de que las utilices) y remueve hasta que queden incorporadas. Mezcla suavemente la masa con las manos y haz una bola con ella.

2. Cubre el cuenco con un envoltorio de cera de abeja y déjalo reposar a temperatura ambiente de 18 a 24 horas. Una vez transcurrido este tiempo, encontrarás la masa cubierta de burbujas.

3. Enharina ligeramente una superficie de trabajo y coloca la masa sobre ella. Espolvorea la masa con harina y dóblala sobre sí misma 1 o 2 veces. Coloca la masa sobre un paño enharinado y cúbrela con otro paño. Deja que suba durante 2 horas más. Una vez transcurrido este tiempo, habrá doblado su tamaño.

4. Unos 30 minutos antes de que la masa esté lista, precalienta el horno a 230 °C. Coloca una olla de hierro con tapa dentro del horno mientras se calienta.

5. Cuando esté lista, utiliza un cuchillo afilado para marcar una X de unos 5 centímetros de largo y unos 6 milímetros de profundidad en la parte superior de la hogaza.

6. Retira con cuidado la olla caliente del horno y coloca la masa dentro de ella. Tápala y vuelve a meterla en el horno para que se haga durante 30 minutos. Quítale la tapa y hornea otros 15 o 20 minutos hasta que el pan esté dorado por la parte superior.

7. Pasa el pan a una rejilla y deja que se vaya enfriando al menos durante 30 minutos antes de servirlo.

LECHE DE FRUTOS SECOS CASERA

Aunque reconozco que resulta muy cómodo comprar la leche de frutos secos en una tienda, hay muchas razones para elaborarla en casa. En primer lugar, ya es posible adquirir casi cualquier fruto seco a granel, lo que significa que puedes preparar distintos tipos de leche sin generar residuos. Además, la casera sabe mejor, lleva menos ingredientes y se puede personalizar de muchas maneras distintas. Y, si elaboras tu propia leche de frutos secos, siempre tendrás la opción de remojarlos previamente, lo que no solo los ablanda para extraer todo su sabor, sino que además neutraliza su ácido fítico y sus inhibidores enzimáticos y facilita su digestión. Por último, en casa puedes utilizar la pulpa sobrante para elaborar galletas, hummus, trufas y muchas más cosas. Así que, antes de desecharla, asegúrate de echarle un ojo a las recetas que aparecen a continuación.

INGREDIENTES
(Para 4 tazas)

1 taza de almendras, anacardos, avellanas, nueces de macadamia, pecanas, pistachos o nueces, todos ellos crudos y sin sal

3 tazas de agua para remojar los frutos secos

Sal kosher o gruesa (véase el recuadro de esta misma página)

4 tazas de agua para batir los frutos secos

Miel o sirope de arce (opcional)

INSTRUCCIONES

Pon los frutos secos que hayas escogido en un cuenco mediano y cúbrelos con las 3 tazas de agua. Añade la sal, tapa el cuenco con un paño y déjalos en remojo a temperatura ambiente de 8 a 12 horas. Una vez transcurrido ese tiempo, escúrrelos y acláralos con agua fría. Pasa los frutos secos a un vaso de batidora y añade las 4 tazas de agua. Tritura a velocidad alta hasta que los frutos secos se desmenucen y el líquido quede opaco. Sirviéndote de una bolsa para leche de frutos secos o una estopilla, cuela la leche en un cuenco grande. Estruja la bolsa para que suelte todo el líquido posible. Añade miel o sirope de arce al gusto y guarda la leche en un tarro hermético en la nevera hasta 4 días.

MEDIDAS DE SAL PARA REMOJAR LOS FRUTOS SECOS (POR TAZA)

ALMENDRAS	¾ de cucharadita	NUECES PECANAS	½ cucharadita
ANACARDOS	¾ de cucharadita	PISTACHOS	no hace falta remojarlos
AVELLANAS	¾ de cucharadita	NUECES	½ cucharadita
NUECES DE MACADAMIA	¾ de cucharadita		

GALLETAS DE PULPA DE ALMENDRA

Puedes personalizar estas galletas usando las semillas, las hierbas o las especias que más te gusten.

INGREDIENTES
(Para aproximadamente 2 docenas de galletas)

1 taza de pulpa de almendra bien compactada (la que te haya sobrado de la leche de frutos secos casera, véase la página 40)

1 cucharada de semillas de lino molidas

1 cucharada de semillas de sésamo

1 cucharada de perejil fresco de hoja plana finamente picado (opcional)

1 cucharadita de albahaca, orégano, salvia o tomillo secos

1 diente de ajo picado

¼ de cucharadita de sal marina

3 cucharadas de aceite de oliva

INSTRUCCIONES

1. Precalienta el horno a 135 °C.

2. Mezcla la pulpa de almendra, las semillas, las hierbas, el ajo y la sal en el bol de un robot de cocina y bátelo todo hasta que quede una masa homogénea. Pasa esta a un cuenco y añade el aceite de oliva. Mezcla bien. Con las manos, haz una bola con la masa y colócala entre 2 hojas de papel de horno compostable. Sirviéndote de un rodillo, estira la masa hasta que tenga un grosor uniforme de unos 6 milímetros. Retira la hoja superior de papel de horno y, con un cuchillo o un cortapizzas, corta la masa en cuadrados de 2 a 5 centímetros. Traslada con cuidado el papel de horno sobre el que están las galletas a una bandeja para hornear.

3. Hornea durante 20 minutos, luego da la vuelta a las galletas y repite otros 15 o 20 minutos, hasta que estén crujientes. Déjalas enfriar completamente antes de servir. Guárdalas en un recipiente hermético a temperatura ambiente hasta una semana.

TRUFAS DE CHOCOLATE CON PULPA DE FRUTOS SECOS

Esta es una forma estupenda de utilizar la pulpa que te haya sobrado después de hacer leche de frutos secos y la manera perfecta de incorporar proteínas a la vez que sacias tus ganas de tomar algo dulce.

INGREDIENTES
(Para aproximadamente 2 docenas de galletas)

1¼ tazas de pulpa de frutos secos (la que te haya sobrado de la leche de frutos secos casera, véase la página 40)

½ taza de coco desecado (opcional)

¼ de taza de cacao en polvo

¼ de taza de miel cruda

1 cucharadita de extracto de vainilla

1 cucharadita de canela molida

Una pizca de sal marina

Aderezos para la cobertura: canela molida, harina de coco o cacao en polvo (aproximadamente ½ taza en total)

INSTRUCCIONES

Mezcla todos los ingredientes (excepto los aderezos para la cobertura) en una batidora y bate hasta obtener una masa homogénea. Utiliza esta para formar bolas del tamaño de un bocado. Haciéndolas rodar, cúbrelas con los aderezos que elijas. Sírvelas inmediatamente o guárdalas en un recipiente hermético en la nevera hasta 4 días.

LECHE DE COCO FRESCA

Si buscas una alternativa no láctea a la leche de vaca, la leche de coco resulta una opción maravillosa. Es estupenda para el cerebro, proporciona al cuerpo un rápido chute de energía y es antivírica, antimicrobiana y antibacteriana. Si bien la puedes comprar en el supermercado, tanto en brik como en lata, también puedes elaborarla desde cero siempre que tengas cocos frescos. La primera vez que lo hagas te puede dar un poco de trabajo, pero, en cuanto le pilles el truco y pruebes el sabor de la leche de coco fresca y cremosa, es posible que no vuelvas a comprarla envasada. Además, si de verdad te interesa el tema de residuos cero, te encantará saber que lo único que tendrás que desechar es la cáscara de coco, ¡que además puede ir directamente a la pila de compost!

INGREDIENTES

(Para unas 2 tazas)

1 coco fresco   *1½ tazas de agua caliente*

INSTRUCCIONES

1. Con la ayuda de un cuchillo afilado, perfora el agujero más blando del coco y escurre el líquido en un cuenco mediano.

2. Coloca el coco sobre una superficie dura y busca la línea «ecuatorial» imperfecta que recorre el centro de esta fruta. Sirviéndote de un martillo, golpea a lo largo de dicha línea hasta que el coco se parta y se abra.

3. Utilizando los dedos, separa las 2 mitades de la fruta y colócalas con el lado cortado hacia abajo. Después, golpea la parte posterior de las mitades del coco con el martillo a fin de que se suelte la carne de la cáscara; no te preocupes si se rompe la cáscara. Desliza un cuchillo de mantequilla entre la cáscara y la carne y reserva esta última. Retira los trozos de piel marrón que se adhieran a la carne de coco para que esta quede limpia. Trocea la carne en pedazos de 12 a 20 milímetros; necesitarás 1 taza.

4. Mezcla el líquido del coco, la carne de coco picada y el agua caliente en una batidora y tritura hasta que hayas obtenido una mezcla homogénea. (Utilizar agua caliente te ayudará a extraer el aceite del coco y a crear una leche más espesa).

5. Si puedes, consume la leche enseguida. De lo contrario, pásala a un tarro de cristal con tapa hermética; podrás guardarla hasta 3 días en la nevera.

HARINA DE COCO

Si acabas de elaborar tu primera remesa de leche de coco fresca (véase la página 44), tal vez te estés planteando qué hacer con la pulpa de coco sobrante. Pues muy fácil: ¡haz harina de coco! Este alimento combina muy bien con las harinas de frutos secos para elaborar una amplia variedad de productos al horno sin gluten ni cereales, y además constituye una gran fuente de fibra. Para hacerla puedes utilizar tanto tu propio horno como un deshidratador de alimentos, en caso de que dispongas de uno.

INGREDIENTES
(Para aproximadamente ½ taza)

Pulpa de coco fresca (la que te haya sobrado de la leche de coco fresca, véase la página 44), aproximadamente 1 taza

INSTRUCCIONES

1. Si utilizas un horno, precaliéntalo a 65 ºC (o a la temperatura más baja posible).

2. Extiende la pulpa en una bandeja de horno con borde que previamente hayas forrado con papel de horno compostable o en la bandeja antiadherente de un deshidratador de alimentos. Deshidrata la pulpa en el horno durante aproximadamente 4 o 5 horas, hasta que esté seca, pero no se haya dorado, o en el deshidratador a 32 ºC durante más o menos 1 hora.

3. Pasa la pulpa seca a una batidora y tritúrala durante alrededor de 1 minuto.

4. Guárdala en un recipiente hermético a temperatura ambiente.

YOGUR DE COCO

Si te ha sobrado carne de coco (no confundir con la pulpa; consulta la receta de la página 44 para saber más sobre el coco fresco, también sobre cómo abrirlo), puedes usarla para elaborar yogur de coco. Únicamente necesitarás dos cápsulas probióticas de alta calidad para poner en marcha el proceso y un par de días de paciencia. El yogur de coco fresco no solo es delicioso, sino que también constituye una manera estupenda de minimizar los residuos, ya que así evitaremos los vasos de plástico de los yogures envasados. Además, si no te van mucho los aditivos industriales, seguro que te das cuenta de que, al hacerlo tú, podrás controlar los ingredientes, escoger tu edulcorante favorito y evitar rellenos y conservantes.

INGREDIENTES
(Para aproximadamente 2 vasos)

2 tazas de carne de coco picada (de 2 cocos frescos)

De ¼ a ½ taza de agua de coco o agua filtrada

2 cápsulas de probióticos

Miel o sirope de arce (opcional)

INSTRUCCIONES

Mezcla la carne y el agua de coco en una batidora hasta obtener una mezcla homogénea y cremosa. Vierte esta a través de un colador de malla fina en un tarro de cristal limpio de boca ancha. Abre las cápsulas de probióticos y vacía su contenido en el tarro. Remueve con una cuchara de madera o un palito de helado (evita utilizar utensilios metálicos porque pueden desactivar los probióticos). Tapa el tarro con una estopilla o un paño de cocina fino y transpirable y sujétalo con una goma elástica. Deja que la leche de coco fermente a temperatura ambiente entre 24 y 72 horas. Cuanto más tiempo la dejes hacerlo, más espesa estará. En caso de que vivas en un clima frío, puedes meter el tarro en el horno y encender la luz (¡pero no el horno!). Esta proporcionará el calor justo para que las bacterias de los probióticos hagan su labor. Una vez fermentado el yogur, si lo deseas, puedes endulzarlo con miel o sirope de arce. Tapa el tarro; podrás guardar el yogur en la nevera hasta 1 semana.

HUMMUS SIN RESIDUOS

Una de las mejores maneras de reducir los envases de plástico es preparar nuestra comida desde cero. Un buen punto de partida son los alimentos básicos, como las salsas, los condimentos y los aliños para ensaladas. Dado que en nuestra casa comemos mucho hummus, obviamente fue uno de los primeros alimentos básicos que aprendí a elaborar yo misma. Si bien puedes preparar un hummus de bajo contenido en residuos utilizando una lata de garbanzos sin BPA, también puedes hacerlo utilizando garbanzos secos a granel. Si quieres aprovechar para cocer más y usarlos en ensaladas y aperitivos, estos se conservarán bien en la nevera hasta 5 días. O también puedes congelarlos, ya sea con líquido o sin él, en tarros de cristal.

INGREDIENTES
(Para 1½ tazas)

½ taza de garbanzos secos (1½ tazas de garbanzos cocidos)

2 cucharadas de tahini, comprado en la tienda o casero (véase la página 51)

1 cucharada de zumo de limón, o más si es necesario

1 diente de ajo pelado

¼ de cucharadita de sal marina

¼ de taza de aceite de oliva

INSTRUCCIONES

1. Pon los garbanzos en un cuenco mediano o en un tarro de cristal de litro, cúbrelos por completo de agua, tápalos con un plato o una toalla y déjalos en remojo toda la noche.

2. Escurre y enjuaga los garbanzos y pásalos a una olla de fondo grueso. Cúbrelos de nuevo con agua y llévalos a ebullición a fuego medio-alto. Después, baja a fuego lento, tapa y cuece hasta que los garbanzos estén tiernos, lo que te llevará más o menos unos 45 minutos.

3. Cuela los garbanzos, reservando el líquido, y deja que se enfríen. Una vez sea así, retira las pieles de los garbanzos (sí, es una lata, pero merece la pena para obtener una mejor textura).

4. Para hacer el hummus, mezcla los garbanzos cocidos, el tahini, el zumo de limón, el ajo y la sal en el bol de un robot de cocina. Procesa hasta que quede una mezcla homogénea y cremosa, de 3 a 5 minutos. Vierte lentamente el aceite de oliva y sigue procesando hasta que se haya incorporado a la mezcla. Prueba y ajusta el sabor, así como la consistencia, añadiendo según veas necesario zumo de limón, sal o líquido de garbanzos. Pasa el hummus a un recipiente hermético; podrás guardarlo en la nevera hasta 1 semana.

TAHINI DESDE CERO

Cuando me puse a hacer hummus desde cero, ni me planteé hacer mi propio tahini. Creí que necesitaría un equipo especial para prepararlo y procesarlo. Sin embargo, resulta que es muy fácil de hacer, solo necesitas dos ingredientes sencillos y un robot de cocina. Las ventajas de elaborarlo tú son relativamente obvias: por una parte, ahorras dinero; por otra, evitas el despilfarro de envases al no tener que comprarlo ya preparado en el supermercado, y, por último, impides el desperdicio de alimentos preparando pequeñas remesas según tus necesidades. No obstante, sí hay un pequeño secreto para hacer un tahini muy rico, y en mi opinión está en utilizar semillas descascarilladas y en tener mucho cuidado de no tostarlas demasiado. Cuando tuestes las semillas de sésamo, intenta que se queden en un ligero tono dorado, aunque haciendo todo lo posible para que no se doren del todo. Otra opción sería no tostarlas en absoluto, pero a mí me parece que un leve tueste realza el sabor y reduce el amargor de las semillas.

INGREDIENTES
(Para más o menos ½ taza)

1 taza de semillas de sésamo sin cáscara   *Sal (opcional)*
De 2 a 4 cucharadas de aceite de sabor neutro
(como el de pepitas de uva o el de oliva)

INSTRUCCIONES

Pon las semillas en una sartén y tuéstalas a fuego bajo o medio de 3 a 5 minutos, removiendo constantemente para evitar que se quemen. Retira la sartén del fuego en cuanto veas que las semillas se doran un poco. Échalas en una bandeja de horno con borde, extiéndelas y déjalas enfriar durante unos 20 minutos. Pasa las semillas al bol de un robot de cocina y procésalas hasta que se forme una pasta grumosa. Raspa los lados del robot de cocina y añade poco a poco el aceite, 1 cucharada cada vez. Sigue batiendo y añadiendo aceite hasta que el tahini esté suave y se pueda verter. Añade sal al gusto y guárdalo en un recipiente hermético en el frigorífico; te durará hasta 1 mes. En caso de que la pasta de sésamo y el aceite se separaran con el tiempo, remueve bien el tahini antes de consumirlo.

Imagen superior izquierda: Hummus sin residuos (véase la página 49); imagen superior derecha: Tahini casero (en esta misma página); imagen inferior izquierda: Kétchup casero (véase la página 53); imagen inferior derecha: Mantequilla de frutos secos casera (véase la página 59).

GUACAMOLE SIN ENVASAR

Como ocurre también con el hummus, el guacamole es una de esas salsas que, para nuestra comodidad, encontramos ya envasada en los supermercados. Sin embargo, si quieres tanto ahorrar dinero como evitar los residuos, te recomiendo que busques una buena receta y aprendas a prepararlo de forma casera. Te llevará tres minutos y obtendrás en cualquier momento un acompañamiento fresco y delicioso, mejor que el que puedas adquirir en la tienda. Para evitar que se desperdicie comida y que el guacamole se ponga marrón, puedes consumirlo en el acto o probar el siguiente truco: colócalo en un recipiente de cristal, corta una cebolla por la mitad, sitúa el lado cortado de la cebolla hacia abajo sobre la superficie del guacamole y cierra el recipiente con una tapa hermética. (Lo ideal sería cubrir la superficie del guacamole con film transparente, pero, dado que estamos tratando de evitar el plástico, la cebolla es una alternativa estupenda).

INGREDIENTES
(Para aproximadamente 2½ tazas)

3 aguacates maduros, partidos por la mitad y sin hueso

¼ de taza de cebolla roja picada

¼ de taza de cilantro fresco picado

1 jalapeño pequeño, sin semillas ni nervaduras, cortado en dados

Ralladura y zumo de 2 limas

½ cucharadita de sal marina gruesa, o más al gusto

½ cucharadita de comino molido

INSTRUCCIONES

Mezcla todos los ingredientes en un bol mediano. Machácalos con un tenedor hasta que estén bien combinados, pero todavía grumosos. Prueba el guacamole y rectifica la sazón con más zumo de lima y sal si lo ves necesario. Sírvelo inmediatamente o guárdalo en un recipiente hermético en la nevera, donde aguantará bien hasta 2 días.

NOTA: Si dispones de un tomate maduro de temporada, puedes quitarle las semillas, cortarlo en dados e incorporarlo a esta receta.

KÉTCHUP CASERO

El kétchup es uno de esos alimentos típicamente americanos de los que yo podría prescindir sin mayor dificultad. Lo que ocurre es que soy madre de dos niños pequeños que, como la mayoría de los de su edad, comen sin rechistar casi cualquier cosa a la que le pongas esta salsa. En realidad, el kétchup en sí no es un problema…, salvo que quieras reducir los residuos desechables y evitar el azúcar. ¡Te aseguro que no resulta fácil encontrarlo en botella de cristal y sin azúcar procesado! Menos mal que un kétchup sano y sin envases no es tan difícil de hacer.

INGREDIENTES
(Para 3 tazas)

1,4 kg de tomates Roma, sin piel, sin semillas y troceados

⅓ de taza de cebolla picada

1 diente de ajo picado

¼ de taza de vinagre de sidra de manzana, ya sea comprado o casero (véase la página 34)

1 cucharadita de mostaza preparada

¼ de cucharadita de salsa Worcestershire

2 cucharaditas de sal marina

½ cucharadita de pimienta negra en grano

¼ de cucharadita de bayas de pimienta de Jamaica

¼ de cucharadita de canela molida

1 hoja de laurel

2 cucharadas de miel cruda o al gusto

INSTRUCCIONES

En una olla mediana, mezcla todos los ingredientes excepto la miel y llévalos a ebullición a fuego medio. Baja la potencia y cuece a fuego lento de 30 a 45 minutos, hasta que los tomates empiecen a deshacerse y a soltar su jugo. Retira la olla del fuego y deja que esta se enfríe. Quita y desecha la hoja de laurel y, con una batidora, ya sea de brazo o de vaso, haz un puré con la mezcla. Añádele la miel y guárdalo en un recipiente hermético en el frigorífico, donde aguantará bien unas 2 semanas, o congélala para consumirlo más adelante.

MOSTAZA DE DOS MANERAS: LENTA Y RÁPIDA

Puedes hacer mostaza casera al modo tradicional, más lento, o siguiendo una receta moderna y mejorada, más rápida. Te propongo que lo intentes de ambas maneras para que compruebes cuál te gusta más. La receta a la antigua tiene un sabor fuerte, tanto que yo prefiero añadirle un poco de miel para redondearla. La mostaza rápida me recuerda a la que podemos encontrarnos en cualquier puesto de perritos calientes de Estados Unidos, y seguramente sea más apropiada para el paladar de un niño (a menos que el tuyo sea de los que se comen todo lo que les pongas). Con frecuencia es fácil encontrar granos de mostaza y mostaza en polvo a la venta como productos a granel; y, si no, ambos ingredientes suelen venderse en casi cualquier tienda de comestibles, en el pasillo de las especias.

MOSTAZA LENTA
(Para 1½ tazas)

INGREDIENTES

½ taza de granos de mostaza amarilla

½ taza de agua

½ taza de vinagre de sidra de manzana, ya sea comprado o casero (véase la página 34)

4 cucharaditas de zumo de limón fresco

1 cucharadita de miel, o más al gusto

2 cucharaditas de pimentón

1 cucharadita de cúrcuma molida

1 cucharadita de sal marina

INSTRUCCIONES

Mezcla las semillas de mostaza, el agua y el vinagre de sidra de manzana en un tarro de cristal limpio de litro. Una vez que quede bien mezclado, ciérralo y déjalo reposar a temperatura ambiente de 2 a 3 días. Añade el zumo de limón, la miel, el pimentón, la cúrcuma y la sal y utiliza una batidora, ya sea de brazo o de vaso, para hacer un puré suave. Si lo ves demasiado espeso, añádele agua caliente, 1 cucharadita cada vez, hasta que te parezca que tiene la consistencia adecuada. Pásalo a un tarro de cristal y guárdalo en la nevera, donde aguantará bien hasta 1 mes.

MOSTAZA RÁPIDA

(Para aproximadamente 1 taza)

INGREDIENTES

1 taza de mostaza en polvo

1½ cucharaditas de sal

½ cucharadita de ajo en polvo

½ cucharadita de cúrcuma molida

¼ de cucharadita de pimentón

1 taza de agua

¾ de taza de vinagre de sidra de manzana, ya sea comprado o casero (véase la página 34)

INSTRUCCIONES

Mezcla la mostaza en polvo, la sal, el ajo en polvo, la cúrcuma y el pimentón en un cazo mediano. Añade el agua y el vinagre de sidra de manzana y bate hasta obtener una mezcla homogénea. Lleva esta a ebullición a fuego medio-alto, luego reduce la cocción a fuego lento y mantenla, removiendo constantemente, de 5 a 10 minutos, hasta que te parezca que tiene la consistencia habitual de la mostaza. Retira el cazo del fuego y deja enfriar la mostaza durante 15 minutos. A continuación, pásala a un recipiente hermético y guárdala en la nevera, donde aguantará bien hasta 1 mes. Notarás la mostaza un poco picante los primeros días, pero, no te preocupes, se suavizará con el tiempo.

ALIÑOS COTIDIANOS PARA ENSALADAS

Recuerdo que, cuando era pequeña, me sorprendía que la mitad de la nevera estuviera ocupada por recipientes de condimentos y aliños para ensaladas. Nunca supe por qué necesitábamos tantos, pero suelo pensar que a mi madre la abrumaba la cantidad de opciones que había en el supermercado. Ahora que ya soy adulta, evito por completo el pasillo de los aliños para ensaladas. Por una parte, porque es cierto que hay demasiadas posibilidades. Y, por otra, porque me frustra bastante que incluso las marcas supuestamente saludables en ocasiones incluyan aceites rancios y azúcares refinados. Menos mal que resulta muy sencillo elaborar tus propios aliños, y que algunos de los más ligeros y sabrosos están hechos con ingredientes de los que probablemente dispongas en la despensa o en el estante de las especias. El primer aliño que te propongo en esta misma página es mi preferido cuando quiero algo ligero; el tahini de limón (véase la página 58) es mi favorito cuando busco algo más sustancioso. Para la vinagreta sencilla, puedes utilizar vinagre de sidra de manzana, ya sea comprado en la tienda o casero (véase la página 34), o vinagre de los cuatro ladrones (véase la página 259).

VINAGRETA SIMPLE
(Para aproximadamente 1 taza)

INGREDIENTES

3 cucharadas de zumo de limón fresco o vinagre

1 cucharadita de mostaza preparada

1 o 2 dientes de ajo picados

Hierbas frescas picadas (opcional)

½ cucharadita de sal marina

¼ de cucharadita de pimienta recién molida

¾ de taza de aceite de oliva

INSTRUCCIONES

En un bol, bate el zumo de limón, la mostaza, el ajo, las hierbas (en caso de que las uses), la sal y la pimienta. Incorpora poco a poco el aceite de oliva, sin dejar de batir continuamente para emulsionar. Transfiérelo a un recipiente hermético y guárdalo en la nevera, donde aguantará bien hasta 1 semana. Cuando vayas a servirlo, agítalo bien para que vuelva a emulsionar.

continúa

Aliños cotidianos para ensaladas, continuación

ALIÑO DE TAHINI Y LIMÓN
(Para aproximadamente 1¼ tazas)

INGREDIENTES

½ taza de tahini, ya sea comprado o casero (véase la página 51)

⅓ de taza de agua filtrada, o más si es necesario

3 cucharadas de zumo de limón fresco

1 cucharada de aceite de oliva

3 o 4 ramitas de cilantro fresco picadas

1 diente de ajo pelado

⅛ de cucharadita de comino molido

Sal y pimienta negra molida al gusto

INSTRUCCIONES

En un vaso de batidora, mezcla el tahini, el agua, el zumo de limón, el aceite de oliva, el cilantro, el ajo y el comino y bate hasta que quede suave y cremoso. Añade más agua, 1 cucharadita cada vez, si lo ves necesario para conseguir la consistencia que más te guste. Vete probándolo y sazonándolo con sal y pimienta. Puedes consumirlo en el momento o pasarlo a un recipiente hermético y guardarlo en la nevera, donde aguantará bien hasta 1 semana. Cuando vayas a servirlo, agítalo bien para que vuelva a emulsionar.

MANTEQUILLA DE FRUTOS SECOS CASERA

Hacer mantequilla de frutos secos casera es muy fácil: solo hace falta un ingrediente (¡los frutos secos!), son apenas dos sencillos pasos y no se tarda ni 30 minutos. Y entre las ventajas que ofrece están el ahorro de dinero, el control de la calidad de los ingredientes y la reducción de envases y residuos alimentarios, ya que comprarás a granel solo lo que necesites. Lo más difícil es escoger la base, puedes utilizar un fruto seco o una combinación de dos o más. En realidad, te servirá cualquiera, almendras, nueces, avellanas, nueces pecanas o de macadamia o anacardos. Si tienes alergia a estos, también puedes utilizar semillas como las de girasol, calabaza o sésamo. O cacahuetes, que, si bien son una legumbre, le gustan a mucha gente. Al margen de combinar distintos frutos secos y semillas para crear una variedad de sabores, también puedes probar con algunos de los complementos sugeridos. Ten cuidado de no añadir sirope de arce o miel a tu base, podría cambiar la consistencia de la mantequilla de frutos secos. Si quieres hacerla dulce, incorpora estos edulcorantes a cada ración que te sirvas.

INGREDIENTES
(Para 2 tazas)

4 tazas de frutos secos o semillas, ya sean crudos o germinados

Complementos (opcionales): sal marina, extracto de vainilla, canela molida, mantequilla de coco o trocitos de chocolate

INSTRUCCIONES

1. Precalienta el horno a 150 °C.

2. Esparce los frutos secos en una sola capa sobre una bandeja de horno con borde y tuéstalos de 8 a 12 minutos, hasta que estén ligeramente dorados y desprendan aroma. Déjalos enfriar. Si utilizas avellanas, quítales la piel y deséchala.

3. Pasa los frutos secos a un robot de cocina o a una batidora y tritúralos a velocidad alta hasta que queden molidos muy finos. Aunque te tiente añadir aceite o agua en esta fase, no lo hagas, los propios frutos secos desprenderán sus aceites y se formará una pasta cremosa. Lo que sí debes hacer es raspar los lados de la batidora o del robot de cocina y batir los frutos secos hasta obtener una mantequilla cremosa. Esto puede llevar de 10 a 15 minutos, según el contenido graso de los frutos secos. Una vez tenga una textura espesa, añade los complementos que desees, pásala a un recipiente hermético y guárdala en la nevera, donde aguantará bien hasta 1 mes.

IDEAS PARA PICAR SIN GENERAR RESIDUOS

Algo que me encanta de la comida de residuo cero es que nos facilita alimentarnos de forma sencilla y saludable. Para picar, en casa nos gustan las frutas y las verduras frescas, pero, cuando nos apetece cambiar un poco, vamos a comprar productos a granel o preparo algo especial. A continuación, te ofrezco algunas ideas de tentempiés de residuo cero, seguidas de algunas recetas sencillas.

RODAJAS DE MANZANA O PLÁTANO CUBIERTAS CON MANTEQUILLA DE FRUTOS SECOS. Si las quieres alegrar más, rocíalas con miel y espolvoréalas con pepitas de chocolate.

«HORMIGAS EN UN TRONCO». ¿Recuerdas estos tentempiés ahora ya pasados de moda? Solo tendrás que cortar apio en trozos de 5 centímetros, untarlos con mantequilla de frutos secos y colocar unas pasas sobre ella.

PALOMITAS A GRANEL. ¡No hay nada como las palomitas caseras! No te hará falta ningún equipamiento especial —únicamente una olla con tapa— y puedes sazonarlas como prefieras: con aceite de coco, aceite de oliva, levadura nutricional, parmesano rallado, sal marina, sal de hierbas, comino molido, curry en polvo, cúrcuma molida o canela molida.

***CRUDITÉS* CON HUMMUS CASERO O GUACAMOLE.** Utiliza las recetas de hummus y guacamole (véanse las páginas 49 y 52, respectivamente) y sírvelos con zanahoria, apio, pepino y pimiento cortados.

FRUTA DESHIDRATADA. Si dispones de un deshidratador, podrás secar frutas de temporada; de lo contrario, adquiere fruta deshidratada a granel. En casa nos encantan los aros de manzana, los chips de plátano, las cerezas, los dátiles, los higos, los mangos, las piñas y las pasas.

SURTIDO DE FRUTOS SECOS. En las tiendas que venden productos a granel, podrás encontrar una gran variedad de mezclas de este tipo; o también puedes hacerlas tú combinando tus frutos secos favoritos, semillas, frutas deshidratadas y chocolate.

GRANOLA. Puedes elaborarla de forma casera o comprar una de las variedades del pasillo de productos a granel. La puedes tomar sola, como aderezo para el yogur o como cereal con leche de frutos secos.

HUEVOS DUROS. Suelo hervir media docena de huevos los domingos y dárselos a mis hijos como tentempié rápido a lo largo de la semana. También aguantan bien el transporte.

BATIDOS. Si es temporada de bayas (o si tienes congeladas del verano), los batidos son un tentempié fácil y de residuo cero. Mi receta básica favorita es 1 taza de fresas congeladas, 1 plátano congelado y el zumo de 2 naranjas. También puedes añadirle mantequilla de frutos secos, leche de frutos secos o un aguacate que te proporcione proteínas y grasas saludables.

TENTEMPIÉS SALADOS A GRANEL. Hay infinitas opciones de aperitivos salados a granel, como chips de plátano, pretzels, guisantes de wasabi, galletas de arroz o palitos de sésamo.

AROS DE MANZANA DESHIDRATADOS

Deshidratar fruta es una forma estupenda de conservar los productos de temporada sin que te haga falta usar el congelador. Y también de ahorrar dinero; por una parte, no te arruinarás comprando fruta deshidratada ya envasada, y, por otra, los productos crudos te saldrán más baratos cuando estén en temporada. Hacer aros de manzana deshidratada resulta tan sencillo y tan sabroso que en mi casa se ha convertido en una tradición. A continuación, te detallo dos formas de elaborarlos: con o sin deshidratador.

INGREDIENTES
(Para un recipiente de unos 4 litros o unos 100 anillos)

2 kg de manzanas
1 litro de agua filtrada (opcional)

¼ de taza de zumo de limón fresco (opcional)
3 cucharadas de canela molida (opcional)

INSTRUCCIONES

1. Lava las manzanas, quítales el corazón y pélalas. Con un cuchillo afilado, una mandolina o un cortador de manzanas a la antigua usanza, corta estas en unas rodajas lo más finas posible, de unos 6 milímetros de grosor. Si quieres evitar que se pongan marrones, mezcla el agua filtrada y el zumo de limón en un cuenco mediano y déjalas a remojo durante 30 minutos. Si no te importa que se oscurezcan, ve directamente al paso 2. Una vez pasada la media hora de remojo, escurre las rodajas y sécalas con unos leves golpecitos con servilletas de tela o toallas.

2. Si vas a usar un deshidratador, extiende las rodajas de manzana en una sola capa sobre las bandejas del deshidratador de alimentos. Si te apetece, puedes espolvorearles canela por encima. Deshidrátalas a unos 60 ºC de 6 a 8 horas.

3. Si prefieres utilizar un horno, precaliéntalo a unos 65 °C (o a la temperatura más baja posible). Extiende las rodajas de manzana en una sola capa sobre las rejillas metálicas que suelen usarse para hornear o enfriar. Si te apetece, espolvorea canela por encima. Coloca las rejillas en el horno. Cierra la puerta del horno, dejándola ligeramente entreabierta para que circule el aire. Hornea de 5 a 8 horas, en función de tu horno, así como del grosor de los aros y de la variedad de las manzanas.

4. Una vez transcurrido el tiempo, sácalas del deshidratador o del horno y comprueba si se encuentran completamente secas por ambos lados y por dentro. Deben tener una textura correosa. Si no es así, sigue secándolas hasta que estén listas.

5. Después de que se enfríen unas horas, podrás guardarlas en un tarro hermético, en un lugar fresco y oscuro, donde aguantarán bien hasta 6 meses.

GALLETAS DE PULPA DE VERDURAS

Si sueles usar una licuadora, probablemente te habrás planteado qué hacer con toda esa pulpa vegetal que te sobra. Aunque siempre podrías compostarla, también la puedes usar para preparar estas deliciosas galletas. Si bien quedan mejor en el deshidratador de alimentos a 70 °C, igualmente es posible deshidratarlas en el horno a la temperatura más baja. A mí me convence más usar pulpa de zanahoria, pero con pulpa de verduras también quedan bien.

INGREDIENTES
(Para 12 galletas)

1 taza de semillas de lino

2/3 de taza de agua

1/2 taza de harina de almendras, o más si es necesario

1/4 de taza de pulpa que te haya sobrado al hacer zumo de verduras, o más si es necesario

1/4 de taza de semillas de calabaza

Sal al gusto

INSTRUCCIONES

1. Pon las semillas de lino en un bol mediano, cúbrelas con el agua y déjalas en remojo durante 1 hora.

2. Si vas a usar un horno, precaliéntalo a 65 °C (o a la temperatura más baja posible).

3. Añade la harina de almendras, la pulpa vegetal, las semillas de calabaza y la sal a la mezcla de lino y haz con todo ello una bola. Si te da la impresión de que la masa está demasiado húmeda, añade más harina de almendras; si te resulta demasiado seca, incorpórale más pulpa. Coloca la bola de masa en una hoja de papel de horno compostable y ponle otra encima. Utilizando un rodillo, aplana la masa hasta que tenga un grosor de unos 6 milímetros. Retira la hoja superior de papel de horno y corta la masa en trozos del tamaño de una galleta.

4. Pasa las galletas a un deshidratador (a 70 °C) o coloca la hoja de papel de horno con las galletas en una bandeja con borde en el horno. Cocínalas durante unas 6 horas, o toda la noche, hasta que queden secas y crujientes. Déjalas enfriar y guárdalas en un recipiente hermético a temperatura ambiente, donde aguantarán bien hasta 1 semana.

GARBANZOS CRUJIENTES

Son uno de los aperitivos saludables más populares. Puedes elaborarlos empezando desde cero con garbanzos secos, remojándolos y cociéndolos como para hacer hummus (véase la página 49), o bien usar garbanzos de lata. En cualquier caso, apenas generan residuos, son muy versátiles y absolutamente deliciosos. A mí me gusta condimentarlos con cúrcuma, comino y jengibre molidos, pero hay multitud de posibilidades, como chile en polvo, curry en polvo, pimentón u orégano, romero y tomillo picados.

INGREDIENTES
(Para 1½ tazas)

Una lata de garbanzos de 450 mililitros, enjuagados, escurridos y muy secos (o 1½ tazas de garbanzos cocidos si vas a partir de garbanzos secos)

2 cucharadas de aceite de oliva

3 o 4 cucharaditas de especias molidas o hierbas picadas, frescas o secas

Sal kosher o gruesa y pimienta negra molida

INSTRUCCIONES

1. Precalienta el horno a 200 °C. Forra una bandeja de horno con borde con papel de horno compostable.

2. Esparce los garbanzos de modo uniforme en la bandeja para hornear ya preparada. Ásalos hasta que estén dorados y crujientes, de 20 a 25 minutos. Apaga el horno y deja que los garbanzos se horneen otros 5 o 10 minutos.

3. Mientras tanto, ve calentando el aceite en una cacerola pequeña a fuego medio. Añade las especias o hierbas, mezcla bien y rehoga durante 1 minuto. Retira la cacerola del fuego, añade los garbanzos y remueve estos a fin de cubrirlos con el aceite aromatizado. Sazónalos con sal y pimienta y sírvelos calientes, o bien déjalos enfriar y guárdalos en un recipiente hermético a temperatura ambiente, donde aguantarán bien durante 3 o 4 días.

LIMPIEZA
NATURAL

En Estados Unidos, es obligatorio que lleven etiquetas informativas los alimentos, los cosméticos y los medicamentos, pero no así los productos de limpieza. En un estudio realizado en 2012 sobre más de dos mil productos de limpieza, la ONG Environmental Working Group [Grupo de Trabajo Medioambiental] descubrió que solo el 7 % de los productos de limpieza informaban apropiadamente acerca de su contenido, mientras que el resto o bien no indicaban sus ingredientes, o, en el caso de hacerlo, precisaban solo unos pocos o los describían con términos vagos como «tensioactivo» o «disolvente». El estudio puso de manifiesto que el 53 % de los productos de limpieza evaluados contenían ingredientes perjudiciales para los pulmones, el 22 % provocaban asma y muchos otros llevaban en sus fórmulas o estaban contaminados con carcinógenos o disruptores endocrinos.

No tuve acceso a este informe cuando estaba embarazada de mi primer hijo. Y, aunque lo hubiera tenido, probablemente habría dado las mismas vueltas que di para averiguar qué productos eran seguros para un bebé. Comprar productos ecológicos no era fácil en esa época. El sector de los productos de limpieza estaba (y sigue estando) «inundado» de ecopostureo, y yo no disponía del tiempo ni de la paciencia para investigar qué querían decir realmente las empresas cuando afirmaban utilizar ingredientes «no tóxicos», «biodegradables» o «respetuosos con el medioambiente». Al final me acabé dejando un dineral en limpiadores caros que vendían en mi tienda habitual de productos naturales y crucé los dedos.

Unos años después, cuando me entró el gusanillo del residuo cero, empecé a analizar de nuevo mis productos de limpieza. Esta vez, además de eliminar los ingredientes tóxicos, estaba decidida a evitar los envases desechables.

En ese momento descubrí que puedes mantener limpia tu casa sin poner en riesgo a las personas ni al planeta, y que la forma más sencilla y económica de llevarlo a cabo es fabricarte tus propios productos de limpieza. Los productos caseros elaborados con ingredientes sencillos han mantenido limpias las casas durante generaciones. Mi abuela, una meticulosa ama de casa, solo utilizaba vinagre, bicarbonato, limón y sal. Cuando estaba en el Cuerpo de Paz, mi madre de acogida en Guinea hacía brillar su choza de barro con poco más que jabón, agua y mucho esfuerzo.

Cuando me acuerdo de estas mujeres, también me provocan asombro las sencillas herramientas que utilizaban para limpiar sus casas. Construidos para durar, estos utensilios estaban realizados de materiales naturales y sostenibles, como madera y paja. En Guinea, mi madre de acogida utilizaba una sencilla escoba hecha con ramitas, juncos y hierbas que ataba con un cordel. Mi abuela limpiaba con toallas reutilizables, una escoba de maíz con mango de madera y una sencilla fregona con mocho de algodón.

Estas dos mujeres constituyeron mis modelos en mi transición a una mentalidad y a un estilo de vida sin residuos. He descubierto que una rutina de limpieza natural no solo resulta más sana, tanto para mí como para el planeta, sino que también es estimulante y alegre. En esta sección comparto las recetas y las herramientas que utilizo, y espero que te aporten alegría y tranquilidad. Si los llevas a la práctica correctamente, estos métodos pueden ayudarte a ahorrar dinero, disminuir tu exposición a las toxinas que con frecuencia contienen los productos comerciales y reducir tu huella de carbono.

PRODUCTOS DE LIMPIEZA NATURALES

Aquí están, estos son los únicos productos que necesitarás para mantener limpia tu casa. La mayoría de estos artículos se pueden comprar fácilmente en envases de cartón o cristal en una tienda de comestibles, ferretería o droguería. Algunos de ellos, como el agua oxigenada o el jabón de Castilla líquido, vienen en botellas de plástico, salvo que tengas acceso a una tienda de cero residuos. Aun así, si decides preparar tus propios productos de limpieza, reducirás considerablemente los envases, ya que en la mayoría de las recetas de esta sección solo hacen falta pequeñas cantidades de estos ingredientes. Por ejemplo, una botella de agua oxigenada a mí me suele durar unos seis meses. Así que, en nombre del residuo cero y de la conservación de los recursos, te sugiero que utilices los suministros de los que dispongas, a menos que estés embarazada o seas alérgico a ellos. Si decides tirarlos, asegúrate de ponerte en contacto con la administración local para que te aconsejen cómo deshacerte de estos. Evita vaciar los productos de limpieza comerciales por el desagüe o tirarlos por el váter, ya que las depuradoras de agua no consiguen filtrar bien muchos de sus ingredientes.

BICARBONATO SÓDICO. Versátil y ligeramente alcalino, este alimento, básico en toda despensa, puede utilizarse para limpiar, desodorizar, fregar, abrillantar, ablandar el agua, quitar la grasa y eliminar manchas.

CERA DE ABEJA O DE CANDELILLA. Mezcla bien con aceite de oliva o de coco hasta conseguir una cera nutritiva para pulir los muebles de madera.

ÁCIDO CÍTRICO. Elimina los restos de jabón, las manchas de agua dura, los depósitos de calcio, la cal y el óxido.

ALMIDÓN. Puede utilizarse para limpiar cristales, abrillantar muebles y reavivar los colores de alfombras y moquetas.

VINAGRE BLANCO DESTILADO. Quita la grasa y elimina la falta de lustre, los olores, los restos de jabón, los depósitos minerales, las manchas y la acumulación de cera. Impide el crecimiento de moho y bacterias.

ACEITES ESENCIALES. Pueden desinfectar y añadir una fragancia segura y natural a la mayoría de los limpiadores. El árbol del té, el limón y el eucalipto son potentes antibacterianos; la lavanda, la rosa y el geranio promueven una sensación de calma.

AGUA OXIGENADA (3 %). Un ácido débil con fuertes propiedades oxidantes; útil para blanquear y eliminar manchas; como desinfectante, puede utilizarse para higienizar superficies, pomos, tiradores e inodoros.

LIMONES. Uno de los ácidos alimentarios más fuertes; quita la grasa, desinfecta e higieniza, blanquea y elimina manchas, además de que forma una maravillosa pasta estropajosa cuando se mezcla con sal.

JABÓN DE CASTILLA LÍQUIDO. De origen vegetal; elimina la suciedad y la mugre.

ACEITE DE OLIVA O DE COCO. Son excelentes pulidores de madera; pueden utilizarse para engrasar bisagras, eliminar etiquetas, pulir rayas en acero inoxidable, quitar el polvo y limpiar residuos, goma y pintura de superficies y materiales.

ALCOHOL DE QUEMAR. Elimina los gérmenes, así como el moho; puede utilizarse para abrillantar el cromo y el cristal.

LIMPIADOR BIODEGRADABLE SAL SUDS (DR. BRONNER'S). Una versión más fuerte del jabón de Castilla (técnicamente un detergente); limpia la suciedad más resistente.

SAL. Es un complemento estupendo para cualquier pasta de fregar, ablanda el agua dura y la ropa, elimina las manchas de tejidos y alfombras y puede utilizarse como potenciador natural del aroma.

VODKA. Es un desinfectante eficaz, sobre todo por su alto contenido en alcohol, así como por su carencia de aroma y de color. En general, cuanto mayor sea su graduación, mejor desinfectará.

SOSA (CRISTALES DE SOSA O CARBONATO SÓDICO). Quita la grasa, elimina las manchas, ablanda el agua y limpia paredes, azulejos, fregaderos y bañeras. Asegúrate de llevar guantes de goma compostables para protegerte las manos cuando limpies con ella.

UTENSILIOS DE LIMPIEZA NATURALES

Si te diera por fisgar en mi armario de artículos de limpieza, encontrarías una colección de utensilios sencillos y sostenibles. Me he ido haciendo con ellos poco a poco a lo largo de varios años, adquiriéndolos en ocasiones en tiendas por internet, pero, siempre que me ha sido posible, en mi ferretería local. A continuación te detallo una lista con los que ya tengo o de los que me gustaría disponer. No te harán falta todos, quizá ni siquiera la mitad; si los escoges con cuidado, te podrás apañar muy bien con unos pocos. Seguramente te llamará la atención que, a pesar de su popularidad, no figuren en la lista las bayetas de microfibra; lo hago porque, aunque facilitan la limpieza, por desgracia introducen microplásticos en nuestra red de alcantarillado y contaminan arroyos, ríos y océanos.

- Fregona de hilo de algodón con mango de madera (tamaño adulto y niño, si es necesario)

- Mopa de paños de algodón con mango de madera, como alternativa a la fregona de hilo de algodón

- Escoba tradicional de sorgo con mango de madera (tamaño adulto y niño, si es necesario)

- Escoba de crin con mango de madera, como alternativa a la escoba tradicional de sorgo

- Escoba corta de cerdas naturales con mango de madera, para limpiar zonas pequeñas

- Plumero de lana de cordero de mango largo o cepillo de pelo de cabra de mango corto para quitar el polvo

- Recogedor metálico para barrer

- Cubos de acero galvanizado o esmaltado para fregar y lavar superficies

- Cepillos pequeños de cerdas naturales con mango de madera, para lavar platos, limpiar frutas y verduras, fregar ollas, limpiar botellas y fregar suelos

- Cepillo de aseo con mango de madera, guardado en una jarra grande de esmalte o metal

- Estropajos de cobre o cáñamo para lavar los platos y fregar las superficies

- Toallas de algodón para fregar, toallas de saco de harina, trapos cortados de toallas viejas y camisetas, para todo tipo de limpieza

- Paños de cocina suecos y esponjas de lufa compostables, para lavar los platos

- Salero o especiero de los de queso rallado, de cristal, para guardar el bicarbonato y poder espolvorearlo fácilmente sobre las superficies

- Botellas rociadoras de vidrio para aerosoles de limpieza y ambientadores

- Cepillos de dientes viejos de bambú, para limpiar grietas y lugares de difícil acceso

- Papel de periódico, para secar ventanas y cristales sin dejar rayas

LIMPIADOR CÍTRICO MULTIUSOS

Si tuviera que prescindir de todos mis productos de limpieza caseros y solo pudiera quedarme con uno, pediría que fuera este. Utilizar el limpiador multiusos a partir de infusión de cítricos es una forma de lo más sencilla y pura de limpiar tu casa sin esfuerzo, y elaborarlo resulta tan fácil como infusionar restos de cítricos en una cuba dc vinagre. Es económico y cómodo, y te ahorra tener que usar aceites esenciales para disimular el olor acre del vinagre. De todas formas, conviene tener en cuenta que, como el vinagre es ácido, puede dañar ciertas superficies y no debemos utilizarlo sobre piedras naturales como granito, mármol o esteatita. También puede decapar el acabado de los suelos de madera. Pero, salvo estas dos superficies, podrás limpiar con tranquilidad casi todo lo demás. Yo suelo usarlo para limpiar ventanas, espejos, alfombras, lavabos, bañeras, fregaderos, electrodomésticos y linóleo.

INGREDIENTES
(Para 3 tazas de vinagre, que diluidas serán 6 tazas de limpiador cítrico)

2 tazas de tiras de cáscara de cítricos (limón, lima, naranja o pomelo)

3 tazas de vinagre (de sidra de manzana o blanco destilado), o más si es necesario

INSTRUCCIONES

En un tarro de cristal de litro, coloca las cáscaras de cítricos y cúbrelas con el vinagre. Tápalo con un cierre hermético o con un paño sujeto con una goma elástica. En caso de que uses una tapa metálica, coloca un trozo de papel de horno compostable entre el tarro y la tapa para evitar la corrosión. Para infusionar el vinagre, sitúa el tarro en un lugar donde dé el sol y déjalo allí durante 2 semanas. Una vez transcurrido ese tiempo, cuela y composta las cáscaras de los cítricos y vierte el vinagre infusionado en un tarro de cristal limpio con tapa hermética.

MODO DE EMPLEO: En una botella con pulverizador, combina 1 parte de vinagre y 1 parte de agua y utilízalo como harías con cualquier limpiador multiusos comercial.

CONSEJO: En caso de que no dispongas de cáscaras de cítricos, también puedes elaborar un limpiador multiusos si añades de 5 a 10 gotas de aceite esencial a una solución de 1 taza de vinagre blanco destilado y 1 taza de agua. Los aceites verdes como el del árbol del té y el eucalipto cumplen una doble función: por una parte, tienen cualidades desinfectantes y, por otra, huelen de maravilla.

LIMPIADOR SUAVE DE SUPERFICIES

Este limpiador abrasivo suave es, de todos mis productos de limpieza caseros, el que más preparo y con mayor frecuencia utilizo. Su descubrimiento se lo debo a un viejo fregadero de cocina, muy propenso a las manchas, que me obligó a pasarme horas experimentando con varias recetas tanto comerciales como caseras. La fórmula que te propongo utiliza bicarbonato sódico como abrasivo, jabón de Castilla líquido para eliminar la grasa y la suciedad, agua oxigenada para desinfectar y abrillantar y aceite esencial de limón para blanquear, desengrasar, desodorizar y desinfectar. Este limpiador es apto para usar sobre fregaderos de cocina, encimeras, lavabos, baldosas, lechadas e incluso ollas y sartenes, pero no debes utilizarlo en superficies porosas como granito, mármol o madera que no hayan sido tratados.

INGREDIENTES

¾ de taza de bicarbonato sódico

¼ de taza de jabón de Castilla líquido

1 cucharada de agua oxigenada

De 5 a 10 gotas de aceite esencial de limón

INSTRUCCIONES

En un cuenco mediano, mezcla todos los ingredientes y remuévelos hasta que se forme una pasta espesa. Si te parece que esta queda demasiado seca, añádele más agua o agua oxigenada. En caso de que te dé la impresión de que está demasiado húmeda, échale más bicarbonato sódico. Transfiere la pasta a un recipiente hermético y guárdala durante unos meses.

MODO DE EMPLEO: Aplica un poco de limpiador a un cepillo de madera y frota la superficie con él. Deja que la pasta actúe durante 10 minutos y luego aclara o limpia con un trapo o toalla húmedos.

LIMPIADOR EN POLVO DE HIERBAS

En caso de que te haga falta algo un poco más abrasivo que el limpiador suave de superficies que te explico en la página anterior, sin duda te vendrá bien este limpiador en polvo. Puedes elaborarlo siguiendo la receta más sencilla —solo con sosa, bicarbonato y ácido cítrico— o, si te parece a mí y tienes por casa tantas hierbas secas que no sabes qué hacer con ellas, puedes añadirlas al polvo para que este resulte más refrescante y abrasivo. Aunque para ello te servirá cualquier hierba con una fragancia agradable, mis favoritas son el eucalipto, la lavanda, la melisa, la menta y el romero. Si te apetece dotar al limpiador de un poder blanqueador extra, añádele unas gotas de aceite esencial de limón.

INGREDIENTES

½ taza de sosa, ya sea comprada o casera (véase la página 100)

½ taza de bicarbonato sódico

2 cucharaditas de ácido cítrico

½ taza de hierbas secas (opcional)

De 5 a 10 gotas de aceite esencial de limón (opcional)

INSTRUCCIONES

En un bol mediano, mezcla todos los ingredientes y guárdalos en un recipiente hermético.

MODO DE EMPLEO: Espolvorea el limpiador en polvo sobre la superficie escogida, añade agua hasta formar una pasta y friégala. Deja reposar la pasta durante 10 minutos y luego aclara o limpia con un trapo o toalla húmedos. Asegúrate de llevar guantes, ya que la sosa es cáustica y puede irritar la piel.

LIMPIADOR DE GRANITO Y MÁRMOL

El único truco para mantener resplandecientes las encimeras de granito y mármol es utilizar el limpiador adecuado. Como nos advierten la mayoría de los fabricantes, es importante evitar los limpiadores ácidos o fuertes como el limón, el amoniaco, la lejía o el vinagre, ya que estos eliminan el sellado que protege la piedra, facilitando que se raye, manche, decolore o sufra otros daños similares. Suele aconsejarse utilizar agua y jabón, y, si bien hay a quien esta solución le sirve, también hay gente que se queja de que el jabón deja una película en la superficie. De los limpiadores naturales, funciona bien sobre la piedra el alcohol, dado que tiene pH neutro, se evapora rápidamente y además es un buen desinfectante. Si te gusta el aroma refrescante de los limpiadores cítricos, también puedes añadir aceites esenciales de limón o cítricos, pues, a pesar de provenir de frutas ácidas, tienen un pH neutro y son seguros para limpiar la piedra.

INGREDIENTES

¼ de taza de vodka de alta graduación (entre el 80 y el 100 %) o alcohol de quemar

1½ tazas de agua

½ cucharadita de jabón de Castilla líquido

10 gotas de aceite esencial de limón (opcional)

INSTRUCCIONES

En un bol grande, mezcla bien todos los ingredientes. Ayudándote de un embudo, vierte la mezcla en una botella pulverizadora de cristal de medio litro y ciérrala bien.

LIMPIADOR DE ALFOMBRAS PREVIO AL ASPIRADO

Este sencillo limpiador es una forma estupenda de refrescar y desodorizar alfombras y moquetas sin utilizar fragancias artificiales. Yo suelo pasar la aspiradora varias veces a la semana, pero además les doy un repaso con este limpiador una vez al mes.

INGREDIENTES

1 taza de flores secas de lavanda (opcional)

2 tazas de bicarbonato sódico

10 gotas de aceite esencial de lavanda

10 gotas de aceite esencial de geranio rosa

INSTRUCCIONES

En caso de que vayas a usar las flores de lavanda, tritúralas en un bol mediano y, después de ello, mézclalas con el bicarbonato sódico. Añade los aceites esenciales y mezcla bien. Pasa lo resultante a un tarro de cristal de cierre hermético.

MODO DE EMPLEO: Espolvorea el limpiador sobre alfombras o moquetas, déjalo reposar 30 minutos y luego aspira como suelas hacerlo.

LIMPIADOR DE SUELOS DE MADERA

Aunque no limpio el suelo con tanta frecuencia como debería, cuando lo hago, me gusta hacerlo a la antigua usanza: de rodillas, con las manos y con muy pocos ingredientes. Suelo usar jabón de Castilla líquido en lugar de vinagre, ya que hay quien lo ve demasiado ácido y potencialmente perjudicial para los suelos de madera. Esta receta me lleva funcionando de maravilla desde hace años, y además me encanta que se le puedan añadir aceites esenciales para desinfectar y desodorizar la casa. Mis aceites preferidos para limpiar los suelos son los de árbol del té, eucalipto, lavanda, limón y menta.

INGREDIENTES

2 tazas de agua tibia

2 gotas de jabón de Castilla líquido o limpiador biodegradable Sal Suds (Dr. Bronner's)

De 5 a 10 gotas de aceite esencial (opcional)

INSTRUCCIONES

Mezcla todos los ingredientes en un bol grande. Viértelos en una botella pulverizadora de cristal de medio litro y después ciérrala y agítala bien.

MODO DE EMPLEO: Pulverízalo sobre el suelo y friega con una fregona de hilo de algodón o una mopa de paños de algodón con mango de madera o ponte de rodillas y limpia la solución con una toalla de algodón.

LIMPIADOR DE HORNOS

Los limpiadores de hornos comerciales están entre los productos de limpieza doméstica más tóxicos. De hecho, la ONG Environmental Working Group recomienda evitarlos del todo. No solo porque contienen potentes agentes corrosivos como el hidróxido sódico, que puede provocar quemaduras en la piel y dañar los ojos, sino también porque sus ingredientes disolventes de grasa irritan los ojos, la piel y las mucosas. ¿He mencionado que advierte asimismo de que pueden dañar los riñones, los pulmones y el sistema neurológico? Así que nunca usaría este limpiador en mi casa…, ¡y mucho menos en la cocina donde comemos!

Por suerte, hay una forma sencilla y eficaz de limpiar el horno sin usar estos productos tan agresivos. Solo te hará falta crear una pasta con bicarbonato y agua, enfundarte un par de guantes y utilizar las manos para extenderla dentro del horno (evitando los elementos calefactores). Déjala reposar toda la noche y, a la mañana siguiente, limpia el interior del horno con un paño húmedo. Si no fuera suficiente y necesitaras algo un poco más potente, te vendrá bien la siguiente receta. Requiere un poco de limpieza mecánica, lo que nuestras abuelas llamarían «fuerza de brazos», pero lograrás un buen resultado incluso en los hornos más sucios.

INGREDIENTES

5 cucharadas de bicarbonato sódico

5 cucharadas de sosa, ya sea comprada o casera (véase la página 100)

2 cucharadas de jabón de Castilla líquido

Agua tibia, según necesites

Vinagre blanco destilado en una botella con pulverizador

INSTRUCCIONES

Antes de comenzar, asegúrate de que el horno está apagado y frío. Retira las rejillas y piezas desmontables. Limpia tanto su interior como la puerta para eliminar cualquier resto de comida que quedara en ellos. Mezcla el bicarbonato, el detergente y el jabón de Castilla líquido en un bol pequeño. Y añade también agua tibia hasta formar una pasta espumosa. Con guantes, saca la pasta, un puñado cada vez, y espárcela por toda la puerta y las superficies interiores del horno, evitando los elementos calefactores. Después, cierra y déjala reposar durante unas horas o incluso toda la noche. Con un cepillo de madera o un estropajo de cobre, restriega donde quede todavía algún residuo espeso. Por último, rocía con vinagre y límpialas.

JABÓN LÍQUIDO DE LIMÓN PARA VAJILLAS

Para lavar los platos a mano, yo prefiero usar un cepillo de fregar con mango de madera y una pastilla de jabón de Marsella, un jabón tradicional a base de aceite de oliva, que lleva acompañándonos desde hace seiscientos años y que constituye una alternativa excelente a los jabones químicos y derivados del petróleo. De todas formas, si bien los jabones de pastilla pueden servirnos igual de bien en términos de limpieza, por motivos culturales habitualmente solemos utilizar jabones líquidos para lavar la vajilla. Así que, por si tienes costumbre o te gustan los jabones líquidos, algo que comprendo, aquí te dejo una receta sencilla y espumosa (probablemente no haga tanta como una gran cucharada de Palmolive, pero sí más que el jabón de Castilla común).

INGREDIENTES

½ taza de agua (preferiblemente destilada)
2 cucharadas de vinagre blanco destilado
½ taza de limpiador biodegradable Sal Suds (Dr. Bronner's)

1 cucharada de aceite de jojoba o de almendras
1 cucharada de aceite de vitamina E (opcional)
10 gotas de aceite esencial de limón (opcional)

INSTRUCCIONES

Valiéndote de un embudo pequeño, vierte el agua y el vinagre en un dosificador de jabón de cristal. Tápalo y agítalo bien. Añade el limpiador biodegradable Sal Suds, el aceite de jojoba, el aceite de vitamina E y el aceite de limón, en caso de que quieras utilizarlo.

MODO DE EMPLEO: Agita bien la botella unas cuantas veces para que los ingredientes se mezclen con suavidad antes de empezar.

DESINFECTANTE PARA LAVAR FRUTAS Y VERDURAS

Por mucho empeño que ponga en comprar frutas y verduras ecológicas, a veces me resulta imposible evitar los productos tratados con pesticidas. E, incluso si adquirimos productos ecológicos, siempre hay que ser consciente de que estos pueden traer consigo bacterias, suciedad o mugre. Además, existe algo llamado difenilamina (DPA), que, en muchos países, suele aplicarse a frutas como las manzanas para mantenerlas frescas durante más tiempo. Los desinfectantes comerciales de frutas y verduras se nos venden como eficientes para eliminar los pesticidas, la cera, la suciedad y otros residuos. Y, si bien estos aerosoles suelen ser de origen vegetal y parecen seguros, ¿nos merecen la pena dado el dinero que cuestan y los residuos plásticos que generan?

Hace unos años, cuando por primera vez me puse a elaborar mi propio desinfectante de verduras, hallé un estudio de *Cook's Illustrated* que demostraba que el vinagre diluido eliminaba con eficacia el 98% de las bacterias. Afirmaba que un cepillo de fregar eliminaba el 85% de las bacterias. Y otro publicado por *Consumer Reports* descubrió que remojar manzanas en una solución de bicarbonato de sodio eliminaba por completo tres pesticidas sometidos a prueba. Tras descubrir estos y otros artículos similares, empecé a preparar mis propias soluciones de limpieza, entre las que estaban una de bicarbonato sódico y otra de vinagre en las que dejar en remojo frutas o verduras y un espray de vinagre para rociarlas. No pienso que ninguna sea mejor que las otras, pero me gusta disponer de alternativas por si me falta algún ingrediente o lavo distintos productos. Creo que el espray de vinagre funciona mejor con frutas y verduras de piel lisa, como manzanas, peras, pepinos y pimientos, mientras que las soluciones de vinagre y de bicarbonato de sodio son más útiles con productos delicados como bayas y setas. En el caso de los de piel gruesa, uso un cepillo de verduras para eliminar los residuos difíciles de quitar.

ESPRAY DE VINAGRE. Llena una botella pulverizadora con 1 parte de vinagre blanco destilado y 3 de agua tibia. Rocía la fruta o verdura, frótala y aclárala con agua del grifo.

BAÑO DE VINAGRE. Vierte en un cuenco grande 1 parte de vinagre y 3 de agua tibia. Mézclalo bien, añade las frutas o verduras y déjalas en remojo durante 15 minutos. Si es posible, frótalas también con un cepillo para verduras y luego aclárala con agua.

BAÑO DE BICARBONATO. Llena un cuenco grande con 2 litros de agua tibia. Añade 2 cucharadas de bicarbonato y mezcla. Incorpora las frutas o verduras y déjalas en remojo de 10 a 15 minutos. Si es posible, frótalas con un cepillo para verduras y luego aclárala con agua.

DETERGENTE PARA LAVAVAJILLAS

El detergente para lavavajillas es el santo grial de la limpieza casera. Sin embargo, las primeras recetas que probé resultaron, cuando menos, decepcionantes. Los platos quedaban manchados y rayados, y en ocasiones me planteaba si de verdad salían más limpios de lo que entraban en el lavaplatos. Después de investigar aquí y allá, hacer pruebas y equivocarme incontables veces, se me ocurrieron dos opciones para lavar los platos de forma no tóxica y generando pocos residuos: la primera era elaborando un detergente en polvo para lavavajillas (la receta de esta página) y, la segunda, fabricando tus propias pastillas para lavavajillas (véase la página 92).

INGREDIENTES

1 cucharada de sosa lavavajillas, ya sea comprada o casera (véase la página 100)

¼ de cucharadita de ácido cítrico

2 cucharadas de vinagre blanco destilado

INSTRUCCIONES

Ten presente que no puedes mezclar los ingredientes secos con antelación; si lo haces, se apelmazarán como el cemento y será difícil sacarlos del recipiente. Así que deberás guardar la sosa en un envase y el ácido cítrico en otro. Cuando vayas a poner en marcha el lavaplatos, añade la sosa y el ácido cítrico, por separado, al compartimento de lavado del electrodoméstico. Y el vinagre al compartimento de aclarado. Cierra las puertas de los compartimentos, pon el lavavajillas en marcha y… ¡espera la sorpresa de tu vida!

Pastillas de detergente para lavavajillas (página 92)

PASTILLAS DE DETERGENTE PARA LAVAVAJILLAS

Si tienes la costumbre de utilizar pastillas de lavavajillas, pero quieres evitar los envases desechables, te encantará esta alternativa casera. Sin embargo, si no les añades vinagre, te dejarán manchas en la vajilla, así que no te olvides de incluirlo al compartimento de aclarado. Te hará falta un molde de silicona como los que se usan habitualmente para hacer caramelos; asegúrate de que el tamaño de las pastillas ya terminadas quepa dentro del compartimento destinado a ello de tu lavavajillas.

INGREDIENTES

1 taza de sosa, ya sea comprada o casera (véase la página 100)

1 taza de bicarbonato sódico

¼ de taza de ácido cítrico

1 taza de sal kosher o gruesa

5 gotas de aceite esencial (opcional)

1 taza de agua

Vinagre blanco destilado, según necesites

INSTRUCCIONES

En un bol, mezcla bien la sosa, el bicarbonato, el ácido cítrico, la sal y el aceite esencial, en caso de que vayas a utilizarlo. Vete añadiéndole el agua poco a poco para que no se produzca una reacción demasiado fuerte. Mezcla los ingredientes despacio pero a conciencia y luego viértela con una cuchara en moldes de silicona. Deja que la mezcla se seque, permitiendo que se endurezca, durante más o menos 1 hora. Una vez haya quedado dura, saca las pastillas del molde y guárdalas en un recipiente hermético.

MODO DE EMPLEO: Utiliza una pastilla por carga, junto con 2 cucharadas de vinagre blanco destilado que deberás añadir al compartimento de aclarado.

DESATASCADOR NATURAL

¿Sabes qué tienen en común todas las granjas antiguas? ¡Las cañerías viejas! La primera vez que se me ocurrió elaborar mi propia pasta de dientes con aceite de coco, aprendí lo implacables que pueden ser unas tuberías anticuadas. Como no me apetecía llamar a un fontanero y solo disponía de ingredientes sencillos a mano, utilicé este desatascador natural. Para mi sorpresa (¡y gran alivio!), funcionó. Aunque en la limpieza natural no se suele mezclar bicarbonato de sodio y vinagre (porque se neutralizan mutuamente, con lo que se anula su eficiencia), la reacción química que se produce entre ellos se las arregla muy bien desatascando las tuberías.

INGREDIENTES

1 taza de bicarbonato sódico *1 taza de vinagre blanco destilado*
1 taza de sal común *Agua hirviendo*

INSTRUCCIONES

Si lo que pretendes desatascar es un fregadero o una bañera, te bastará con espolvorear el bicarbonato por el desagüe, seguido de la sal común y el vinagre blanco destilado. La mezcla hará espuma y burbujas, como esos experimentos de volcanes que se hacen en el colegio. Espera de 5 a 10 minutos para que obren su magia y luego haz que la solución se vaya por el desagüe vertiendo por este un cazo de agua hirviendo.

CÁPSULAS DE INODORO

A pesar de que me gusta hacer una buena limpieza semanal, determinadas zonas de la casa no siempre pueden esperar tanto. Dado el trasiego de los niños, mi marido, así como las visitas de algunos amigos y familiares, los inodoros, por ejemplo, necesitan una pequeña limpieza dos o tres veces por semana. Para que esto me resulte más cómodo, suelo guardar una bandeja de artículos de limpieza en el armario de cada uno de los baños. En dichas bandejas tengo un cepillo de fregar, un trapo de limpieza, un limpiador multiusos (véase la página 74), un estropajo suave para todo tipo de superficies (véase la página 77) y un bote con estas cápsulas para limpiar el inodoro. Suelo usar una cada dos días para el mantenimiento y hago una limpieza a fondo una vez a la semana con el limpiador de la página 97.

INGREDIENTES

1 taza de bicarbonato sódico

¼ de taza de ácido cítrico

1 cucharada de limpiador biodegradable Sal Suds (Dr. Bronner's)

1 cucharada de agua oxigenada

15 gotas de aceite esencial (opcional)

INSTRUCCIONES

En un bol mediano, mezcla bien el bicarbonato sódico y el ácido cítrico. Añade lentamente el limpiador biodegradable Sal Suds, el agua oxigenada y el aceite esencial, en caso de que lo utilices. Tómate tu tiempo para evitar que se activen los ingredientes secos. Remueve bien hasta que la mezcla tenga consistencia de arena húmeda. En ese momento, introdúcela en moldes de silicona para caramelos y déjala secar unas horas. Una vez se hayan endurecido las cápsulas, transfiérelas a un recipiente hermético y guárdalas hasta el momento de usarlas.

MODO DE EMPLEO: Deja caer una cápsula en el inodoro, espera a que ya no haga burbujas y luego friégalo con un cepillo de madera.

LIMPIADOR DE LA TAZA DEL VÁTER

En líneas generales, existen tres formas de limpieza: la química, la mecánica y la térmica. Cuando te decantas por evitar los productos químicos agresivos, en ocasiones tienes que compensarlo de un modo mecánico, tirando de músculo. Si bien es cierto que las cápsulas para inodoros de la receta anterior (véase la página 94) te ayudarán a mantener las tazas de los inodoros «bastante limpias» durante toda la semana, a mí me gusta usar también esta receta para limpiar en profundidad los inodoros una vez a la semana.

INGREDIENTES

2 tazas de agua destilada

1 1/3 tazas de bicarbonato sódico

1/3 de taza de jabón de Castilla líquido

20 gotas de aceite esencial de eucalipto, limón o árbol del té

Agua oxigenada

INSTRUCCIONES

En un bol grande, mezcla bien el agua, el bicarbonato sódico y el jabón. Ayudándote de un embudo, transfiere la mezcla a una botella exprimible vacía. Añade los aceites esenciales, tapa y agita bien.

MODO DE EMPLEO: Corta el agua del váter girando la llave situada bajo él en la pared en el sentido de las agujas del reloj. Tira de la cadena 1 o 2 veces para vaciar completamente el agua de la taza. Vierte la solución preparada bajo el borde de la taza y déjala reposar 5 minutos. Frota con una escobilla de retrete, vuelve a abrir la llave de paso y tira de la cadena. Para desinfectar el inodoro, llena una botella de espray con agua oxigenada, rocía la taza y frota con la escobilla.

JABÓN PARA LA ROPA

Este jabón casero para la ropa es sencillo de elaborar, resulta económico y está compuesto por ingredientes que obtienen la máxima calificación de seguridad por la ONG Environmental Working Group. El jabón de Castilla limpia la ropa, elimina la grasa y quita las manchas; la sosa ablanda el agua, quita las manchas y blanquea la ropa; el bicarbonato sódico elimina tanto manchas como olores y blanquea y suaviza la ropa, y la sal actúa como suavizante. Como, de forma natural, este jabón hace poca espuma, puede utilizarse tanto en lavadoras estándar como en las de alta eficiencia. Debemos tener en cuenta que se trata de jabón para la ropa, no de detergente. (Desde un punto de vista químico, los jabones no son tan fuertes como los detergentes; el detergente para ropa, en particular, suele estar elaborado expresamente para lavadoras). Si te parece que tu ropa no queda tan limpia como te gustaría, siempre puedes añadir dos o tres cucharadas del limpiador biodegradable Sal Suds (Dr. Bronner's) a cada carga de ropa. Al ser un tensioactivo y detergente natural, este producto resulta especialmente eficaz en la eliminación de manchas y olores.

INGREDIENTES

Una pastilla de jabón de Castilla puro de 140 g

1 taza de sosa, ya sea comprada o casera (véase la página 100)

1 taza de bicarbonato sódico

1 taza de sal gruesa

INSTRUCCIONES

Corta el jabón en dados pequeños, ponlos en el bol de un robot de cocina y tritúralos hasta que queden finamente molidos. (Si no dispones de un robot de cocina, también puedes utilizar un rallador manual, te llevará más tiempo, pero servirá perfectamente). Añade la sosa, el bicarbonato y la sal al bol del robot de cocina y tritúralos hasta obtener un polvo fino. Guarda la mezcla en un recipiente de cristal con tapa hermética.

MODO DE EMPLEO: Utiliza 2 cucharadas por carga si tu lavadora es normal y 1 por carga si es de alta eficiencia.

SOSA PARA LAVAR CASERA

En algunas recetas de este libro hace falta sosa para lavar la ropa, algo que tendrías que poder encontrar con facilidad en la mayoría de los supermercados. Pero, si te resulta difícil dar con ella y no te apetece comprarla por internet, siempre puedes elaborarla de forma casera calentando bicarbonato sódico en el horno. En lo referente a limpieza, el bicarbonato sódico y la sosa (o carbonato sódico) son bastante distintos, pero en su formulación química la única diferencia entre ambos es la presencia de agua y dióxido de carbono. En la práctica, eso significa que cuando calientas el bicarbonato se descompone en vapor de agua, dióxido de carbono y sosa; el vapor y el dióxido de carbono se disipan, quedando la sosa.

El bicarbonato de sodio es suave, tiene un pH de 8, mientras que la sosa es cáustica, con un pH de 11. La elevada alcalinidad de la sosa es lo que le permite actuar como disolvente para eliminar las manchas. Sin embargo, también la hace áspera para la piel, por lo que nunca debes olvidar llevar guantes al manipularla.

INGREDIENTES

De 2 a 3 tazas de bicarbonato sódico

INSTRUCCIONES

1. Precalienta el horno a 200 °C.

2. Espolvorea el bicarbonato sódico de modo uniforme sobre una bandeja de horno con borde y hornea de 30 minutos a 1 hora, removiendo de vez en cuando para que se cueza de forma homogénea. Sabrás que el bicarbonato se ha convertido en sosa cuando cambien tanto la consistencia como el color; mientras que el bicarbonato de sodio tiene una textura fina y pulverulenta y un color blanco, la sosa es gruesa y de un tono amarillento.

3. Deja enfriar y guárdala en un tarro hermético. Añádela a las soluciones de limpieza caseras como se indica en las recetas.

SUAVIZANTE PARA ROPA

En teoría los suavizantes no tienen más que ventajas: reducen las arrugas y la electricidad estática, evitan que los tejidos se estiren, se decoloren y que se les formen bolitas y dejan la ropa más suave y con un olor más fresco. Sin embargo, ¿de verdad merecen la pena? La ONG Environmental Working Group recomienda evitar los suavizantes comerciales porque suelen contener sustancias químicas que provocan asma y dañan el sistema reproductor. También se cree que son perjudiciales para el medioambiente y contaminan tanto el aire interior como exterior. Como alternativa, siempre tienes la opción de añadir vinagre al ciclo de aclarado para suavizar las fibras naturales y reducir la adherencia estática. Si no te convence el olor del vinagre, no te preocupes, se habrá ido cuando la ropa se seque.

INGREDIENTES

1 litro de vinagre blanco destilado   10 gotas de aceite esencial (opcional)

INSTRUCCIONES

Mezcla el vinagre con el aceite esencial (en caso de que lo utilices) y guárdalo en un tarro de cristal de litro.

MODO DE EMPLEO: Cuando vayas a lavar la ropa, añade ½ taza al compartimento del ciclo de aclarado o al principal cuando empiece el ciclo de aclarado.

TOALLITAS PARA SECADORA REUTILIZABLES

Aunque yo prefiero secar la ropa en el tendedero, conozco a mucha gente con conciencia ecológica que sigue usando una secadora. Si perteneces a ese grupo y te encantan las toallitas para secadora para suavizar los tejidos, reducir la electricidad estática y añadirles algo de fragancia, a continuación te dejo una receta que hará todo eso sin generar residuos ni exponerte a perfumes artificiales o toxinas nocivas.

MATERIALES

Trapos, camisetas o toallitas de algodón 100 %

2½ tazas de agua

2½ tazas de vinagre blanco destilado

3 cucharadas de glicerina vegetal

10 gotas de aceites esenciales (opcional)

INSTRUCCIONES

Corta trapos viejos de algodón, camisetas o paños en rectángulos de 13 por 20 centímetros (unos 20 o así es una buena cantidad para llenar un tarro de litro). Si te parece necesario, cose los bordes para evitar que estos se deshilachen. Mezcla el agua, el vinagre y la glicerina en un tarro de litro. Cierra la tapa y agita con fuerza. En caso de que quieras usar los aceites esenciales, añádeselos y vuelve a agitar el tarro. Coloca los trapos dentro de este y ciérralo hasta que vayas a utilizarlos.

MODO DE EMPLEO: Saca del tarro de 2 a 4 toallitas para secadora, escúrrelas para que no goteen y añádelas a la carga de la secadora. Cuando la ropa esté seca, simplemente vuelve a meter las toallitas en el tarro y úsalas de nuevo. En función de cuánto las utilices, lávalas con las toallas y la ropa blanca una vez cada 2 semanas.

BOLAS DE LANA CASERAS PARA SECADORA

Una alternativa ecológica a los suavizantes y a las toallitas para secadora son estas bolas de lana. Además de suavizar la ropa, eliminan la electricidad estática, reducen las arrugas y disminuyen el tiempo de secado hasta un 25 %. Y no contienen fragancias sintéticas, si bien puedes añadir un aroma fresco a tu ropa usando aceites esenciales. Sin embargo, esto deberías hacerlo al final del ciclo de secado; de lo contrario, el calor los destruirá. Cuando la ropa esté ya seca, solo tendrás que añadir unas gotas a las bolas de la secadora, volver a meterlas dentro y dejarla funcionar en frío (programa de «secado al aire») unos minutos.

MATERIALES

1 madeja de hilo de lana 100 % (no de hilo lavable a máquina, que no se fieltrará)

Tijeras

Aguja de fieltrar o ganchillo

Un par de medias viejas o de segunda mano

Jabón para la ropa, ya sea comprado o casero (véase la página 98)

INSTRUCCIONES

1. Comienza a elaborar tu primer ovillo de lana para secadora enrollando el hilo alrededor de tus dedos índice y corazón de 10 a 15 veces. Retira el hilo de los dedos y retuércelo en forma de 8 para formar un ovillo. Enrolla más hilo alrededor del centro del ovillo de 10 a 15 veces. Continúa enrollando, alternando las direcciones, hasta que el montoncito empiece a parecerse a un ovillo. Sigue enrollando hasta que su tamaño sea el de una pelota de tenis grande. En ese momento, corta el hilo de la madeja. Valiéndote de una aguja de fieltrar o de ganchillo, mete el extremo del hilo bajo varias capas del ovillo para evitar que la pelota se deshaga durante el proceso de fieltrado. Repite el proceso con 5 ovillos más.

2. Corta las perneras de las medias y mete 3 ovillos en cada pernera. Separa las bolas atando un trozo de hilo entre cada bola y luego ata la parte superior de las medias. Mete estas en la lavadora, añade detergente y lava con un programa de temperatura alta. Después, pon un programa de secado también a temperatura alta hasta que las bolas estén secas y fieltradas (es decir, que las hebras de hilo se hayan fusionado). Saca las bolas de las medias.

MODO DE EMPLEO: Introduce 3 bolas en la secadora, añade ropa limpia y húmeda y sécala como suelas hacerlo. Si tienes problemas de electricidad estática, pon un programa de secado más corto. También puedes rociar las bolas con agua antes de meterlas en la secadora. El agua con el calor de la secadora hará vapor, lo que reducirá la electricidad estática.

CONSEJOS PARA SECAR EN TENDEDERO

Secar la ropa en tendedero es una tarea sencilla, herencia de tiempos pasados, y, aunque pueda parecer un poco anticuada, existen muchos motivos para que la incluyamos en la rutina moderna de la colada. No solo nos hará ahorrar energía y dinero, sino que también alarga la vida de la ropa. Si te preocupan los gérmenes o las manchas, seguro que valoras que el sol es un potente desinfectante con gran poder blanqueador natural. Incluso te añadiría que el secado en tendedero tiene efectos terapéuticos. Estar al sol y al aire libre, realizando una tarea manual…, francamente no se me ocurre una forma mejor de reducir nuestro ritmo de vida y tomar conciencia. A continuación te dejo algunos consejos para que sepas cómo empezar.

• Si no quieres que la ropa se te arrugue, sacúdela bien y dale un tirón antes de colgarla y otro una vez la hayas sujetado con las pinzas al tendedero.

• Para evitar aún más que la ropa quede rígida o arrugada, puedes usar un suavizante natural durante el ciclo de aclarado (véase la página 101), doblar la ropa en cuanto la quites del tendedero o darle un centrifugado rápido de 5 minutos en la secadora después de que se haya secado en el tendedero, únicamente para suavizarla.

• Si quieres darle mayor brillo a la ropa blanca, cuélgala en la parte delantera del tendedero, la que reciba mayor luz directa del sol. Si, en cambio, lo que quieres es evitar que se decolore, cuelga del revés la ropa, ya sea clara u oscura, y hazlo al final del tendedero o a la sombra.

• Para evitar que se arruguen o se les queden las marcas de las pinzas, cuelga las camisas informales del revés por la costura inferior, las camisas de vestir en una percha y los pantalones y las faldas por la cintura.

• Evita siempre colgar prendas de punto elásticas que puedan perder la forma; en lugar de ello, extiéndelas en plano sobre una rejilla de secado elevada.

• Para favorecer una buena circulación del aire, deja siempre que haya espacio entre la ropa y las sábanas; cuelga las toallas del extremo más corto y dobla las sábanas por la mitad sujetando al tendedero las esquinas de los extremos abiertos.

• Dado que algunas prendas pequeñas, como calcetines y ropa interior, ocupan mucho espacio en el tendedero, puedes o bien duplicarlas superponiendo las pinzas, o bien colgarlas en un tendedero portátil de madera.

• Para mantener la cuerda tensa, intenta colgar siempre las prendas pesadas en los extremos y las más ligeras en el centro.

• Cuando hayas terminado, asegúrate de guardar las pinzas dentro de casa para evitar que se desgasten o estropeen.

• Si no dispones de una zona al aire libre, seca la ropa en el interior. Puedes instalar un tendedero retráctil en la ducha o colgar la ropa en barras de cortinas, pomos de cajones, radiadores o tendederos portátiles.

QUITAMANCHAS

Los productos quitamanchas comerciales están entre los limpiadores más tóxicos que existen. Con frecuencia están fabricados con ingredientes químicos agresivos, disolventes, parabenos, sulfatos, colorantes artificiales y fragancias. Si quieres evitar exponerte a ellos, puedes probar alguno o todos los siguientes quitamanchas caseros. A mí me gusta disponer de varias recetas a las que recurrir en caso de que se me acabe algún ingrediente. Como la mayoría de los quitamanchas, funcionan mejor si tratas las manchas inmediatamente y permites que se empape la tela antes de meterla en la lavadora. Además, tratar las manchas en el lado opuesto de la tela ayuda a evitar que estas empeoren.

RECETA DE QUITAMANCHAS 1

En una botella de cristal con pulverizador mezcla bien los siguientes ingredientes, aplícalos sobre las manchas y deja que se asienten durante 1 hora antes de meter la ropa en la lavadora.

¾ de taza de agua

2 cucharadas de jabón de Castilla líquido

2 cucharadas de glicerina vegetal

5 gotas de aceite esencial de limón

RECETA DE QUITAMANCHAS 2

Vierte los siguientes ingredientes en una botella pulverizadora de cristal ámbar (para que el agua oxigenada no se oxide), mézclalos bien, úsalos para tratar previamente las manchas y deja que se asienten durante 1 hora antes de meter la ropa en la lavadora.

¼ de taza de agua oxigenada

2 cucharadas de jabón de Castilla líquido

20 gotas de aceite esencial de limón

RECETA DE QUITAMANCHAS 3

Vierte los siguientes ingredientes en una botella pulverizadora de cristal ámbar (para que el agua oxigenada no se oxide), mézclalos bien, aplícalos sobre las manchas y deja que se asienten durante 1 hora antes de meter la ropa en la lavadora.

¼ de taza de agua

¼ de taza de jabón de Castilla líquido

¼ de taza de glicerina vegetal

1 cucharada de agua oxigenada

20 gotas de aceite esencial de limón

continúa

Quitamanchas, continuación

POTENCIADOR DE LAVADO

Tras limpiar las manchas con una de las recetas de la página 108, puedes utilizar este potenciador de lavado para que la ropa sucia quede más limpia y brillante. Tan solo tendrás que añadir las siguientes cantidades de cada ingrediente a una carga. Debes utilizar este potenciador con jabón o detergente para la ropa, ya que su función es ayudar a que estos funcionen mejor.

½ taza de agua oxigenada

½ taza de sosa

ALTERNATIVA A LA LEJÍA

Puedes añadir esta mezcla a la colada a fin de abrillantar la ropa blanca de forma natural. El sol también ayuda mucho para aclarar la ropa blanca; si dispones de un tendedero, ¡asegúrate de secar la ropa al aire libre!

¾ de taza de agua oxigenada

20 gotas de aceite esencial de limón

LIMPIACRISTALES

Crecí en el sur y fui a la universidad en la histórica ciudad de Charleston (Carolina del Sur). Quizá por ello seguramente no hay nada que me guste más que una casa antigua, con porche delantero y grandes ventanales por los que entre muchísima luz natural. Así que ahora vivo en una antigua granja con grandes ventanales y muchísima luz natural… que, sin embargo, a menudo se ve obstruida por huellas dactilares, dibujos en las ventanas y marcas de lametones de cachorros. Qué queréis que os diga: ¡tenemos dos hijos y un cachorro muy excitable! Los espejos del baño tampoco suelen aguantar limpios mucho tiempo. Por todo esto, obviamente, tengo mucha experiencia con limpiacristales caseros y puedo dar fe de cuáles funcionan y cuáles no. Si intentas usar vinagre y papel de cocina, por ejemplo, ¡es muy probable que acabes pensando que las ventanas tenían mejor aspecto antes de limpiarlas!

En lugar de ello, para una limpieza ligera, es mejor usar una solución de 1 parte de vinagre blanco destilado por 1 parte de agua y aplicarla con una toalla de felpa o una hoja de papel de periódico para eliminar las rayas. Intenta evitar el papel de cocina y los trapos viejos, ya que tienden a dejar pelusas y polvo.

Si lo que necesitas es una limpieza a fondo, yo utilizo la siguiente receta. Contiene maicena, que es un ingrediente mágico para conseguir cristales y ventanas brillantes y sin rayas.

INGREDIENTES

2 cucharadas de alcohol de quemar o vodka
2 cucharadas de vinagre blanco destilado
1 cucharada de maicena
$1^{1}/_{2}$ tazas de agua tibia
De 3 a 5 gotas de aceite esencial (opcional)

INSTRUCCIONES

Mezcla todos los ingredientes en una botella pulverizadora de cristal de medio litro, tápala y agítala bien. Pulveriza sobre las ventanas y límpialas con papel de periódico o un paño de felpa.

CONSEJO: Asegúrate de agitar la solución bien antes de usarla, ya que la maicena se depositará en el fondo entre un uso y el siguiente.

MANTECA PARA MADERA

Yo suelo decir: «Cuida tus cosas, y ellas te cuidarán a ti». Y, en el caso de la madera, nada podría ser más cierto. Cuando aún no sabía nada de esto, solía meter cucharas y tablas de cortar de madera en el lavaplatos y luego me preguntaba por qué se agrietaban con tanta facilidad. Aprendí por las malas que únicamente duran toda la vida si se cuidan bien. Ahora, para evitar el moho y la humedad, las lavo a mano en agua tibia con jabón suave y las seco inmediatamente con un paño de cocina. Si necesito limpiarlas en profundidad, las enjuago en vinagre blanco destilado o zumo de limón. Y, para evitar que se agrieten o se rajen, las acondiciono con esta sencilla manteca para madera, que además de ser natural tiene un bajo contenido en residuos.

INGREDIENTES Y MATERIALES

2 cucharadas de cera de abeja *Un palito de madera*
6 cucharadas de aceite de coco sin refinar

INSTRUCCIONES

Vierte 5 centímetros de agua en una cazuela para hacer un baño maría (véase la página 127 si necesitas saber cómo) y ponla a hervir a fuego medio. Mezcla la cera de abeja y el aceite de coco en un bol y caliéntalos al baño maría hasta que se hayan derretido. Remueve con el palito de helado y echa la mezcla en un tarro de cristal. Deja que se asiente a temperatura ambiente, luego cierra el tarro con una tapa hermética y guarda la manteca para madera en un lugar fresco y oscuro.

MODO DE EMPLEO: Antes de acondicionar utensilios de madera y tablas de cortar, asegúrate de que estén bien limpios y secos. Luego, aplica una fina capa de manteca para madera en la superficie que quieras tratar, púlela con un paño limpio y suave y deja que absorba los aceites durante toda la noche.

BIENESTAR
NATURAL

Mucho tiempo antes de que surgiera la medicina moderna, la gente ya se trataba sus dolencias y achaques con sencillos remedios caseros. Cultivaban hierbas en sus jardines, buscaban plantas en la naturaleza y, en ocasiones, compraban hierbas secas, tinturas o ungüentos en las farmacias y boticas locales. Preparaban sopas ricas en nutrientes, cataplasmas para las heridas o jarabes para la época de resfriados y gripe. La curación tradicional era la medicina del pueblo, y habitualmente se practicaba en la comodidad del hogar de cada uno.

Recuerdo que, cuando era pequeña, mis abuelos ni se inmutaban cuando tenían que curar heridas y enfermedades leves. Si mi abuela se quemaba un dedo cocinando, rompía un trozo de aloe y se untaba la herida con el gel. Si a uno de los nietos nos picaba una abeja, mi abuelo preparaba una cataplasma con plátano del jardín. Cuando viví en Guinea, mi padre de acogida, que era chamán, hacía todo tipo de medicinas con las plantas que crecían alrededor de nuestra aldea.

Incluso yo, sobre todo desde que fui madre, he tenido muchas oportunidades de utilizar remedios naturales para el bienestar. Y, si bien no creo que el bienestar natural deba sustituir a la medicina convencional en todos los casos, en el de las pequeñas dolencias siempre me ha parecido una forma sencilla y poderosa de mejorar el bienestar de mi familia. Por suerte, he contado con la ayuda de algunos maravillosos profesionales de la salud, entre los que está nuestra pediatra, que se formó tanto en medicina convencional como homeopática. Ella es quien tiene el mérito de que me haya familiarizado con estos métodos sencillos y agradables de curación. Cuando tuve mastitis, me enseñó a hacer una cataplasma con hojas de col. Para las infecciones de oído de mis hijos, me contó cómo usar cebollas para desinflamar y combatir la infección. Nos dio recetas de sopas e infusiones para combatir el resfriado o la gripe, y, cuando a mi hija le estaban saliendo los dientes, me enseñó a utilizar aceite de clavo para que se le aliviara el dolor.

A continuación te contaré cómo abastezco nuestro botiquín, además de un puñado de remedios sencillos que utilizo para mí y para mi familia. Sin embargo, al leer esta sección, ten siempre presente que no soy médico y que simplemente comparto remedios que me han servido a mí. Así que, antes de intentar tratarte a ti mismo o a otra persona, no olvides hablar con un profesional de la salud.

PRODUCTOS ESENCIALES PARA EL BIENESTAR NATURAL

Elaborar remedios caseros no es nada complicado. A menudo solo es cuestión de preparar una olla de sopa, infusionar una taza de té, difundir algunos aceites esenciales o hacer un ungüento con hierbas que previamente hayas cultivado en tu jardín. En mi opinión, el secreto para tratar dolencias leves siempre ha sido mantener un botiquín razonablemente bien surtido. En mi caso, comencé con un libro de hierbas medicinales de Rosemary Gladstar, un poco de té de manzanilla y un tarro de ungüento de árnica. A partir de ahí, mi colección fue creciendo poco a poco, a veces de ingrediente en ingrediente, según iba aprendiendo nuevas recetas. A continuación figura una lista de los ingredientes básicos, el equipo, los aceites esenciales y las hierbas que suelo tener almacenadas para los remedios y recetas de los que hablo en este libro.

INGREDIENTES BÁSICOS

- Alcohol (de 80 grados: brandy, ginebra o vodka)
- Vinagre de sidra de manzana, ya sea comprado o casero (véase la página 34)
- Arrurruz en polvo
- Bicarbonato sódico
- Cera de abeja
- Cera de candelilla (vegana)
- Arcilla, bentonita o francesa
- Manteca de cacao
- Aceite de coco
- Aceite de oliva ecológico prensado en frío
- Sales de Epsom
- Aceite de coco fraccionado
- Gelatina vegetal
- Aceite de jojoba
- Jabón de Castilla líquido
- Avena
- Resina de pino
- Miel cruda
- Aceite de semilla de rosa mosqueta
- Manteca de karité
- Aceite de almendras dulces
- Glicerina vegetal
- Aceite de vitamina E
- Extracto de hamamelis
- Xilitol

EQUIPO

- Batidora o robot de cocina
- Termómetro para caramelos
- Recipientes (tarros, tarrinas, tubos de bálsamo labial, frascos de *roll-on*)
- Cazuelas para baño maría (véase la página 127)
- Embudos
- Infusores para té de hoja suelta
- Balanza de cocina
- Etiquetas para tarros
- Tazas y cucharas medidoras
- Pipetas o cuentagotas
- Moldes de silicona
- Colador
- Hervidor de té o cacerola
- Tetera
- Palitos de madera

ACEITES ESENCIALES

- Bergamota
- Madera de cedro
- Citronela
- Eucalipto
- Incienso
- Geranio
- Helicriso
- Lavanda
- Limón
- Hierba de limón
- Pachulí
- Menta piperita
- Romero
- Árbol del té
- Vetiver

HIERBAS Y ESPECIAS

- Aloe vera
- Árnica
- Raíz de bardana
- Flores de caléndula
- Hierba gatera
- Flores de manzanilla
- Canela
- Clavo de olor
- Consuelda
- Diente de león
- Raíz y flores de equinácea
- Saúco
- Matricaria
- Ajo
- Jengibre
- Lúpulo
- Hisopo
- Lavanda
- Toronjil
- Raíz de regaliz
- Malvavisco
- Ortiga
- Avena
- Pasiflora
- Menta piperita
- Llantén
- Pétalos de rosa
- Salvia
- Escutelaria
- Tomillo
- Cúrcuma

CÓMO REUNIR Y ABASTECERTE DE HIERBAS

Una vez que hayas echado un vistazo a las listas de productos esenciales para el bienestar natural de las páginas 117 y 118, tal vez sientas el impulso de empezar a reunir y abastecerte de tantas hierbas como te resulte posible. Puedo asegurarte que una simple colección de cinco a diez hierbas ya es suficiente, sobre todo porque un conjunto pequeño te permitirá conocer bien cada hierba, así como sus múltiples usos y su versatilidad.

En caso de que dispongas de un huerto, puedes cultivar en él la mayoría de las hierbas. De lo contrario, podrás recolectar algunas en la naturaleza y adquirir otras en cooperativas alimentarias o tiendas de alimentación natural. Si tienes acceso a un mercado de agricultores, puedes comprárselas a ellos, ya sean frescas o secas. En caso de que no puedas ir a un lugar así, te recomiendo que adquieras hierbas secas por internet en una empresa de confianza que apoye el comercio justo y las prácticas sostenibles (véase la página 124).

Si tu idea es recolectar hierbas en la naturaleza, deberás hacerlo de forma segura y sostenible. Recoge únicamente lo que puedas identificar con seguridad, ya sea con la ayuda de una guía o de alguien que tenga experiencia. Evita siempre las plantas que crezcan cerca de carreteras, vías de tren, casas antiguas y tendidos eléctricos, ya que el suelo que las rodea puede estar contaminado con plomo, herbicidas y otras toxinas. Tampoco deberías recolectar nada de campos que hayan sido fumigados con herbicidas ni de llanuras aluviales cercanas a ríos contaminados.

En lo que respecta a la sostenibilidad, recolecta plantas que abunden, evitando recoger especies raras o de las que veas menos cantidad y céntrate en las especies no autóctonas frente a las autóctonas. No olvides cosechar de forma responsable, asegurándote de que sea legal recolectar plantas en la zona que lo estés haciendo.

CÓMO SECAR Y ALMACENAR HIERBAS

Si eres tú quien cultiva o recolecta las hierbas, puedes seguir las instrucciones sobre cómo secarlas de la página 219. En muchas de las recetas de este libro uso hierbas secas, en parte porque de esta forma puedo almacenarlas y tenerlas a mano durante todo el año, pero también porque los productos elaborados con hierbas secas se estropean menos. Te recomiendo guardar las hierbas secas sueltas en tarros de cristal con cierre hermético.

En mi opinión, para montar tu pequeño botiquín del bienestar, lo más recomendable es buscar un lugar en la cocina, que es donde probablemente prepararás los remedios. Dado que las hierbas se conservan mejor lejos del calor y de la luz solar, lo ideal sería colocarlas en un armario alejado del horno y los fogones. Y hay quien guarda las hierbas en una estantería, tapadas con una sábana de tela, lo que también sirve perfectamente.

Asegúrate de llevar un registro de cuándo cosechaste, secaste, compraste o preparaste tus hierbas etiquetando y fechando claramente tus tarros y recipientes. La mayoría de las hierbas secas mantienen su potencia y vitalidad de 1 a 2 años. Para evitar el despilfarro, tanto de hierbas como de residuos, cosecha o compra únicamente la cantidad que pienses utilizar el año siguiente.

ACEITES ESENCIALES

Además de las hierbas, es probable que en tu pequeño botiquín del bienestar quieras tener un puñado de aceites esenciales útiles y versátiles. Los aceites esenciales son esos líquidos volátiles destilados de las plantas que con frecuencia consideramos la «fuerza vital» o el «alma» de la planta. Dado que están muy concentrados, debemos utilizarlos con precaución. Para que te hagas una idea de su potencia, te contaré que una gota de aceite esencial equivale a entre quince y cuarenta tazas de té medicinal o a diez cucharaditas de tintura. Este es el motivo por el que es tan importante informarse sobre las propiedades y las posibles contraindicaciones de los aceites esenciales antes de usarlos. Y, por razones de seguridad, la mayoría de los aceites esenciales han de diluirse en un aceite portador, como el de coco fraccionado, el de jojoba o el de almendras dulces, en vez de aplicarse directamente sobre la piel. Ten siempre presente que diluir los aceites esenciales no los debilita..., ¡los hace seguros!

En cualquier caso, suelo recomendar que, antes de utilizar un aceite esencial, realices una prueba para descartar sensibilidades. Simplemente combina una o dos gotas del aceite esencial en cuestión con media cucharadita de un aceite portador, mezcla bien los ingredientes, impregna con ella un trocito de tela y pégate la tela en la parte interior de la muñeca. Deja este pequeño parche sobre la piel de doce a veinticuatro horas. En caso de que la zona se irrite o enrojezca, no podrás usar ese aceite en ninguno de tus remedios.

CALIDAD Y SOSTENIBILIDAD DE LOS ACEITES ESENCIALES

A la hora de obtener aceites esenciales, es importante tener bien presentes la calidad y la sostenibilidad. En estas últimas décadas se ha producido un resurgimiento del uso de aceites esenciales, lo que en gran parte se debe al creciente interés por la limpieza y el bienestar naturales. Sin embargo, esta mayor demanda ha provocado un aumento de la oferta, algo que dificulta a los consumidores saber si están comprando aceites puros, seguros y de alta calidad. Tampoco ayuda el hecho de que no existan normativas o certificaciones oficiales que clasifiquen los aceites en función de su calidad.

Otro factor que deberíamos tener en cuenta es la sostenibilidad. Creo que estaría cayendo en un descuido negligente si al escribir un libro sobre la vida sencilla y sostenible no mencionara el posible impacto medioambiental de los aceites esenciales. Y es que, por mucho que me guste utilizarlos para la limpieza y el bienestar, también me preocupa el impacto que esta distribución masiva tiene sobre las tierras y las comunidades que los producen. Al tratarse de un producto concentrado, es necesaria una cantidad extraordinaria de materia vegetal para producir una pequeña cantidad de un aceite esencial. Por ejemplo, para elaborar cuatrocientos gramos de aceite esencial hacen falta cuatro mil kilos de pétalos de rosa, novecientos kilos de ciprés, casi tres mil kilos de melisa, ciento diez kilos de capullos de lavanda o mil quinientos limones. Sin duda, son muchos recursos naturales, y el impacto de obtenerlos, según cómo y a qué escala se cultiven y cosechen dichas plantas, puede ser devastador.

Muchos grandes distribuidores suelen trabajar con granjas corporativas que utilizan una práctica agrícola denominada monocultivo, que con frecuencia provoca que se agoten los suelos, se pierda la biodiversidad y se fomente el uso de pesticidas y herbicidas. Buscar aceites esenciales con certificación ecológica es el modo más sencillo de garantizar que estos hayan sido cultivados sin fertilizantes sintéticos, pesticidas, herbicidas, irradiación ni ingeniería genética. Aun así, hay empresas que renuncian a la certificación ecológica porque el sistema no es específico para los aceites esenciales. De todas formas, siempre puedes ponerte en contacto con una empresa para enterarte mejor de sus políticas de sostenibilidad y métodos de abastecimiento.

Una alternativa a esta agricultura a gran escala es la recolección silvestre. En ella, como las plantas se recolectan en la naturaleza, no es probable que estas se hallen contaminadas con pesticidas. Sin embargo, también esta práctica puede conducir a una recolección excesiva, y algunos aceites esenciales populares proceden de plantas amenazadas o en peligro de extinción. Por suerte, existen empresas comprometidas con la producción de aceites ecológicos, sin herbicidas y de recolección silvestre ética. Un ejemplo de ello es Mountain Rose Herbs, que vende aceites con certificación ecológica y recolectados de forma silvestre siguiendo directrices éticas.

Además de que nos preocupe cómo se producen los aceites esenciales, también lo hace cómo los eliminamos. Cada aceite esencial debe tener su propia ficha de datos de seguridad de los materiales (MSDS, por sus siglas en inglés), que proporcione información sobre toxicidad, advertencias de inflamabilidad e instrucciones para su eliminación. Lo normal es que puedas encontrar esta información en el sitio web del distribuidor. Hay aceites, como el del árbol del té, el incienso y el eucalipto, que son inflamables y requieren precauciones adicionales al desecharlos. Otros se consideran residuos peligrosos, lo que implica que sus recipientes no se pueden reciclar salvo que se limpien y se laven de forma adecuada. Pero, aun así, en algunas poblaciones se exige que se tiren a la basura todos los recipientes de vidrio que hayan contenido materiales inflamables o peligrosos. Por este motivo, existen empresas, como Rocky Mountain Oils, que ofrecen programas de reciclaje en los que te recogen las botellas y las reciclan por ti. Espero que cunda este ejemplo y haya más grandes distribuidores que asuman también su responsabilidad.

A pesar de todas estas preocupaciones, los aceites esenciales siguen siendo unas alternativas maravillosas a los productos químicos tóxicos que suelen usarse en el ámbito de la limpieza y constituyen una poderosa herramienta para el bienestar natural. En vez de desestimarlos por completo, quizá deberíamos optar por usarlos de forma consciente y más sostenible. En la página 124 te detallo algunos consejos que a mí me han servido para analizar las empresas en función de su calidad y sostenibilidad. Aunque probablemente nunca vayas a encontrar una empresa que cumpla todas las directrices propuestas, al menos habrás adquirido un sentido crítico para poder tomar una decisión prudente.

CALIDAD Y SEGURIDAD

• Ten siempre presente el coste de los aceites esenciales. Un aceite de alta calidad te parecerá una inversión, mientras que un frasco barato puede indicar que los aceites se han diluido con ingredientes muy corrientes.

• Lee la lista de ingredientes y asegúrate de que esta no incluya diluyentes como el aceite de almendras o las pepitas de uva.

• Busca aceites esenciales ecológicos certificados, de plantas no fumigadas o de origen silvestre, ya que los contaminantes químicos pueden estar muy concentrados en los aceites esenciales.

• Asegúrate de que la empresa utiliza la cromatografía de gases-espectrometría de masas (GC-MS, por sus siglas en inglés) para analizar y validar la calidad de cada lote de aceite que recibe. Si los proveedores se comportan con responsabilidad, publicarán estos informes en sus páginas web o te los facilitarán si se los solicitas.

• Intenta adquirir aceites esenciales en cuya etiqueta figure el nombre científico o botánico de la planta, el país de origen y la fecha de destilación.

• Compra siempre aceites esenciales envasados en botellas de vidrio oscuro, donde estarán protegidos de la luz.

ÉTICA Y SOSTENIBILIDAD

• Investiga un poco por tu cuenta y apoya a las empresas que sigan prácticas éticas y sostenibles. Algunas de ellas pertenecen a la Asociación Nacional de Aromaterapia Holística (NAHA, por sus siglas en inglés) y cumplirán las normas éticas de dicha asociación. Puedes encontrar una lista de los miembros de la NAHA en su página web.

• Familiarízate con las plantas amenazadas o en peligro de extinción e intenta sustituirlas por aceites esenciales elaborados con otras que abunden.

• Usa siempre los aceites de forma responsable y moderada. Dilúyelos en lugar de aplicarlos directamente sobre la piel, utilízalos para un fin concreto y cuando de verdad los necesites y evita usarlos de modo frívolo (por ejemplo, difundiéndolos para que la casa huela bien).

• Comprométete a desechar y reciclar de manera adecuada los frascos de aceites esenciales. Busca una empresa que acepte el retorno de los envases para reciclarlos. En caso de que no dispongan de ese servicio, desecha los aceites siguiendo las recomendaciones de tu empresa local de gestión de residuos.

CÓMO ALMACENAR LOS ACEITES ESENCIALES

Si los guardamos de forma adecuada en un lugar fresco y oscuro, los aceites esenciales conservarán sus propiedades curativas de cinco a diez años. La excepción a esta regla son los aceites cítricos, que apenas mantienen su potencia de seis a doce meses, a menos que los metas en la nevera, donde es probable que lleguen a aguantar bien durante un par de años. Si deseas prolongar la vida útil de tus aceites, utiliza un tapón de rosca en lugar de un cuentagotas de goma. Con este último, los fuertes vapores irán deteriorando poco a poco la goma, permitiendo así que entre aire en el frasco, lo que hará que sus preciadas propiedades volátiles se evaporen antes de tiempo.

CONSIDERACIONES DE SEGURIDAD

Si bien el uso de los remedios de este libro es por lo general seguro, conviene tener siempre presentes algunas consideraciones:

• Los remedios de este libro están pensados para tratar síntomas leves. En caso de que tengas dolencias graves, busca siempre consejo y atención médica profesional.

• Las hierbas secas, los preparados de hierbas y los aceites esenciales han de mantenerse siempre fuera del alcance de los niños y los animales domésticos.

• Consulta a un pediatra antes de administrar aceites esenciales o preparados de hierbas a los niños.

• Las mujeres embarazadas o en periodo de lactancia deben consultar siempre a un médico antes de utilizar aceites esenciales o remedios a base de plantas.

• Las personas con enfermedades graves o trastornos autoinmunes deben consultar a un médico antes de utilizar aceites esenciales o remedios a base de plantas.

• Las personas que tomen medicamentos deben consultar a un profesional sanitario para comprobar si existen contraindicaciones antes de utilizar un remedio casero.

• La piel de los bebés y los niños es mucho más sensible que la de los adultos. Dado que los aceites esenciales están muy concentrados, han de utilizarse con precaución en ellos, sobre todo en los menores de dos años, y únicamente podrá hacerse después de consultar al pediatra.

• Los aceites esenciales de menta, eucalipto y algunos tipos de romero contienen grandes cantidades de mentol, lo que puede provocar respiración lenta en determinados niños. Por este motivo, se recomienda no utilizar menta piperita en niños menores de seis años; el eucalipto y el romero tampoco deben utilizarse en niños menores de diez años.

• La Academia Americana de Pediatría aconseja no dar miel a niños menores de un año para evitar el riesgo de botulismo.

BAÑO MARÍA CASERO

Para preparar los remedios y las recetas de este libro no hacen falta aparatos ni herramientas especiales; deberías poder arreglártelas sin problemas con el equipo del que ya dispongas. Algo que sí necesitarás en varias recetas es preparar un baño maría, técnica que usa el vapor para derretir de forma suave ingredientes delicados que podrían quemarse si les aplicáramos calor directo. Para hacer un baño maría, tan solo necesitas una cazuela y, o bien una jarra medidora de cristal resistente al calor (como las de la marca Pyrex), o bien un tarro de cristal de medio litro. La jarra medidora o el tarro de cristal sustituirían en casa a la cacerola superior de los hervidores dobles que se pueden adquirir en las tiendas. La jarra medidora resulta más sencilla de usar porque tiene asa, pero un tarro de cristal también sirve. Como las ceras y mantecas derretidas pueden provocar un pequeño desastre difícil de limpiar, te recomiendo que escojas una jarra medidora o un tarro y utilices siempre ese en todos tus proyectos con cera.

MATERIALES

Cazuela pequeña
Anillo de metal para tarro de conservas
Jarra medidora de cristal resistente al calor o tarro de cristal de medio litro

INSTRUCCIONES

Llena una cazuela pequeña con 5 centímetros de agua y ponla a fuego lento. Coloca el anillo para tarro de conservas en el centro de la cazuela y pon encima la jarra medidora o el tarro. Mete en el recipiente de cristal escogido los ingredientes que desees derretir. El vapor creado por el agua hirviendo a fuego lento, junto con la capa de agua entre la cazuela y la jarra, calentará suavemente tus ingredientes. Remuévelos de vez en cuando con un palito de madera. Cuando ya se hayan derretido los ingredientes, apaga el fuego y retira con cuidado el recipiente de cristal con la ayuda de una agarradera de cazuelas o un paño grueso.

CONSEJO: Para limpiar la cera de los recipientes de cristal, precalienta el horno a 90 °C y, a continuación, coloca el recipiente de cristal sobre una bandeja de horno que tenga borde y métrelo en el horno durante 10 o 15 minutos, hasta que la cera que era sólida se derrita y vuelva a su estado líquido. En ese momento, saca con cuidado el recipiente del horno y límpialo con papel higiénico. Dado que tanto la cera como el papel higiénico son biodegradables, podrás compostarlos, y así evitarás crear residuos. Otra opción es que, una vez que el tarro se haya enfriado, lo metas en el congelador. La cera de abeja se endurecerá y podrás sacarla de forma sencilla y reutilizarla sin problema.

PASTILLAS DE CERA DE ABEJA CASERAS

Algunas de las recetas de este libro se elaboran con cera de abeja, que entre sus múltiples usos sirve como medio para solidificar ungüentos, emulsionar cosméticos y endurecer bálsamos. Al ser sólida a temperatura ambiente y tener un punto de fusión relativamente alto, la cera de abeja también ayuda a espesar y emulsionar los productos para el cuidado de la piel. Asimismo, es rica en vitamina A, favorece la regeneración celular, se valora como antiséptico y antibiótico y mejora la hidratación ya que aporta humedad a la piel.

La cera de abeja puede adquirirse en barra o en pastillas (o, a veces, incluso en gránulos). Yo soy partidaria de comprársela a un apicultor local, no solo porque me encanta apoyar a los agricultores regionales y las prácticas sostenibles, sino también porque de esta forma puedo conseguirla a granel, sin que venga empaquetada en ningún envase desechable. La única pega de adquirir barras en vez de pastillas es que resulta un poco más difícil trabajar con estas cuando me pongo a preparar una receta. Si, por ejemplo, te quedas sin bálsamo labial y quieres elaborar enseguida un tubo, te tocará rallar primero la cera de abeja. Una manera de evitar este paso extra —y, de esta forma, ahorrarte algo de tiempo— es fundir la barra de cera de abeja y verterla en pequeños moldes de silicona (del tamaño de una cucharadita o una cucharada; uno para hacer caramelos, por ejemplo, puede servirte perfectamente). Una vez endurecida la cera de abeja, puedes sacar estas «pastillas» y guardarlas en un tarro de cristal. Aunque no son tan diminutas como las perlitas, son pequeñas y facilitan la tarea.

ALTERNATIVA A LA CERA DE ABEJA

En caso de que tengas alergia a la cera de abeja o prefieras una alternativa vegana, la cera de candelilla es un sustituto excelente. Esta cera se obtiene de las hojas de una planta originaria de México y del sudoeste de Estados Unidos. Inodora y de color amarillo pálido, suele usarse para estabilizar y emulsionar bálsamos, cremas, lociones y ungüentos. Sin embargo, si bien la cera de candelilla posee en su mayoría las mismas propiedades lubricantes que la cera de abeja, es bastante más dura y menos maleable. Por este motivo, tendrás que ajustar las recetas y usar la mitad de cera de candelilla que de cera de abeja.

SIDRA ARDIENTE

La sidra ardiente es un vinagre infusionado con un grupo de hierbas, frutas y verduras que refuerza el sistema inmunitario. Muy apreciado como remedio popular, resulta un producto imprescindible en nuestro botiquín del bienestar natural. Con frecuencia, se considera un remedio «cruzado» porque refleja la forma en que nuestros antepasados usaban los alimentos que cultivaban en el huerto para hacer medicina en sus cocinas. En épocas de frío, la sidra ardiente nos sirve para reforzar el sistema inmunitario, estimular la digestión y calentar el cuerpo. Como lleva unas semanas que se infusione, te recomiendo que prepares la sidra un mes antes de cuando pienses que la vas a necesitar. Yo suelo elaborar una o dos tandas un mes antes del equinoccio de otoño, para tenerla lista cuando vaya a empezar la temporada de resfriados y gripe.

En función de los ingredientes que se encuentren disponibles en cada región y estación, las recetas tradicionales de sidra ardiente pueden variar bastante. Así que, en caso de que no logres encontrar todos los ingredientes para esta receta en concreto, tampoco te preocupes mucho, siempre puedes utilizar los que tengas a mano y obtener un remedio potente. Dado que vas a usarla como medicina, trata de utilizar siempre que sea posible ingredientes ecológicos que no hayan sido tratados con herbicidas ni pesticidas.

Si vas a dársela a los niños, te recomiendo que omitas los chiles serranos.

INGREDIENTES

- ½ taza de jengibre fresco picado
- ½ taza de rábano picante fresco picado
- ½ taza de cúrcuma fresca picada
- ½ cebolla pequeña picada
- 1 cabeza de ajos picada
- 2 chiles serranos cortados por la mitad a lo largo
- 1 limón pelado y cortado en trozos de 2,5 cm
- 1 naranja pelada y cortada en trozos de 2,5 cm
- 2 o 3 ramitas de perejil fresco
- 2 o 3 ramitas de tomillo fresco
- 2 o 3 ramitas de romero fresco
- 1 cucharada de pimienta negra en grano
- 1 cucharada de pimienta de cayena
- 2 ramas de canela
- 2 tazas de vinagre de sidra de manzana, ya sea comprado o casero (véase la página 34)
- ¼ de taza de miel cruda, o al gusto

INSTRUCCIONES

En un tarro de cristal limpio de litro, mezcla todos los ingredientes salvo la miel. Asegúrate de que todo quede completamente sumergido en el vinagre. Cubre el tarro con una tapa. En caso de que uses una metálica, puedes evitar la corrosión colocando un trozo de papel de horno compostable entre el tarro y la tapa. Guarda este recipiente en un lugar fresco y oscuro durante 1 mes y agítalo un poco cada día. Cuando ya esté listo, cuela el vinagre y composta los restos. Añade la miel y bate hasta que esta quede bien incorporada. Pasa la sidra terminada a un tarro de cristal limpio con tapa hermética y guárdala en la nevera, donde aguantará bien hasta 1 mes.

MODO DE EMPLEO: Si tienes la impresión de que se te viene encima un resfriado o una gripe, toma 1 o 2 cucharadas cada 3 o 4 horas hasta que te parezca que mejoras. De forma preventiva, puedes tomar 1 cucharada al día. En cualquiera de los casos, puedes tomarla sola o diluida en agua o sopa.

SOPA CURATIVA DE SHIITAKE

Cuando mis hijos eran pequeños, nuestra pediatra solía recetarnos esta sopa en cuanto empezaban a mostrar síntomas de resfriado o gripe. Además de calentarnos, nos alimentaba con verduras, hierbas y especias, todas ellas muy nutritivas. Y lo mejor es que contiene setas shiitake, que rebosan vitaminas del grupo B, un montón de minerales y enzimas y una flota de propiedades antibacterianas, antivirales y antifúngicas. A pesar de que ya hace más de una década desde que ella me anotara los ingredientes en una de sus recetas médicas, sigo recurriendo a ella cuando cualquiera de mis familiares comienza a sentirse pachucho.

INGREDIENTES

4 zanahorias picadas

3 trozos de apio picados

1 manojo de cebolletas picadas

1 taza de setas shiitake picadas

2 tomates picados

1 cabeza de ajo picada

Un trozo de 2 cm de jengibre fresco picado

Un trozo de 2 cm de cúrcuma fresca picada

1 manojo de perejil fresco de hoja plana, picado

8 tazas de agua o caldo de verduras, ya sea comprado o casero (véase la página 32)

Zumo de 1 limón, o al gusto

1 cucharadita de pimienta roja molida (opcional)

Sal y pimienta negra molida, al gusto

INSTRUCCIONES

Echa en una cazuela las zanahorias, el apio, las cebolletas, las setas, los tomates, el ajo, el jengibre, la cúrcuma y el perejil, añade el agua y lleva a ebullición a fuego medio. Baja el fuego y deja que la sopa siga cociendo a fuego lento durante más o menos 1 hora. Cuélala (dejando los sólidos para compost), añade el zumo de limón y la pimienta roja triturada (en caso de que la quieras utilizar) y sazona con sal y pimienta negra al gusto.

MODO DE EMPLEO: Bebe la sopa a sorbos a lo largo del día o hasta que te sientas mejor.

TÓNICO INMUNOLÓGICO DE LIMÓN Y JENGIBRE

En cuanto empiezo a notarme un poco «flojeras», como diría mi abuela, desempolvo la licuadora y me doy un capricho con este tónico vigorizante. El jengibre calienta, estimula y descongestiona; el limón es astringente y rico en vitamina C y bioflavonoides, y la cúrcuma ayuda al organismo a combatir la inflamación. Cuando me apetece endulzar el tónico sin añadirle mucho azúcar, suelo usar manzanas Granny Smith. Y, si en ese momento dispongo de cilantro, también se lo pongo, ya que ayuda a limpiar y a eliminar las toxinas del cuerpo. Cuando está todo dicho y hecho, «cierro el círculo» y utilizo los corazones de las manzanas para hacer vinagre de sidra de manzana (véase la página 34) y las cáscaras de limón para hacer limpiador cítrico multiusos (véase la página 74).

INGREDIENTES
(Para unas 2 tazas)

2 manzanas Granny Smith, sin pelar, troceadas

2 limones pelados y troceados

Un trozo de 5 cm de jengibre fresco pelado

Un trozo de 2,5 cm de cúrcuma fresca pelada

5 o 6 ramitas de cilantro fresco (opcional)

INSTRUCCIONES

Bate todos los ingredientes en la licuadora. A ser posible, bébelo en las primeras 24 horas, así obtendrás los máximos beneficios y evitarás la oxidación.

MODO DE EMPLEO: A mí me gusta ir tomando pequeños chupitos (más o menos 50 mililitros) a lo largo del día, aunque en ocasiones he llegado a beberme una botella entera de una sentada. ¿Qué puedo alegar en mi defensa? Me entusiasma.

JARABE DE BAYAS DE SAÚCO

Habitualmente se considera al saúco la reina de las hierbas o «el botiquín del pueblo»…, y no me extraña. Es un medicamento potente, que lleva más de mil años representando un papel importante en nuestra salud y bienestar. En Europa sigue siendo muy venerado; se utiliza para elaborar el remedio herbal contra el resfriado más popular del continente. Desde un punto de vista médico, funciona como antioxidante y posee favorables efectos cardiológicos, además, sirve para reducir la inflamación y mejorar la visión. También es muy reconocida su capacidad para reforzar y equilibrar el sistema inmunitario y aliviar tanto la tos como los resfriados y las gripes. Es fácil encontrarlo en forma de jarabes, mermeladas y vinos medicinales. Y, si bien puedes comprarlos en tiendas de alimentos naturales y mercados locales, también es posible elaborarlos de forma casera. A mí me encanta prepararlo como jarabe, algo que también entusiasma a los niños en casa. Se hace con bayas de saúco secas, que encontrarás en algunas tiendas de productos naturales o por internet.

INGREDIENTES

2 tazas de agua
½ taza de bayas de saúco secas
1 cucharada de jengibre fresco picado
1 cucharadita de canela molida
½ cucharadita de clavo molido (opcional)
½ taza de miel cruda

INSTRUCCIONES

Vierte el agua en una cazuela mediana. Añade las bayas de saúco, el jengibre, la canela y los clavos (en caso de que los quieras usar). Lleva el agua a ebullición a fuego medio, luego baja la potencia y deja cocer a fuego lento durante 45 minutos. Retira la cazuela del fogón y presiona las bayas con el dorso de una cuchara para extraerles el jugo. Cuela el líquido con un colador de malla fina y aparta las bayas y la pulpa para hacer compost con ellas. Una vez que el zumo se haya enfriado a temperatura ambiente, añade la miel y bate hasta que esta quede bien incorporada. Vierte el jarabe en una botella o tarro de cristal, ciérralo con una tapa hermética y ponle una etiqueta con la fecha. Mételo en la nevera, donde aguantará bien hasta 1 mes. Si te parece que no lo vas a utilizar entero, siempre puedes congelar parte para aprovecharlo más adelante, ya sea como jarabe o en forma de polos helados (véase la siguiente receta).

MODO DE EMPLEO: Cuando no te sientas bien, toma 1 o 2 cucharadas cada 3 o 4 horas hasta mejorar. Si prefieres usarlo de modo preventivo, toma de 1 a 2 cucharadas al día.

POLOS Y GOMINOLAS DE BAYAS DE SAÚCO

Si bien el jarabe de saúco ya sabe de maravilla por sí mismo, los polos y las gominolas son dos formas divertidas y sencillas para que esta medicina tan nutritiva les llegue a los niños…, ¡y también a los mayores! Personalmente, me encantan los polos de bayas de saúco porque además de reforzar el sistema inmunitario alivian el dolor de garganta.

POLOS DE BAYAS DE SAÚCO

INGREDIENTES

Jarabe de saúco (véase la página 135)   *Zumo fresco de naranja o manzana, o zumo de guindas*

INSTRUCCIONES

Vierte 1 cucharada de jarabe de bayas de saúco en cada molde para polos y cúbrelo con zumo. El zumo de una naranja mediana o de una manzana grande suele ser la cantidad justa para cada polo. Dale la vuelta, congela hasta que quede sólido y… ¡a disfrutar!

MODO DE EMPLEO: Uno o dos polos equivalen a una dosis de jarabe de bayas de saúco, así que, cuando te sientas mal, puedes tomar 1 polo cada 3 o 4 horas o 1 al día si deseas hacerlo de modo preventivo.

GOMINOLAS DE BAYAS DE SAÚCO

INGREDIENTES

1¼ tazas de zumo de guindas
¼ de taza de gelatina de animales alimentados de pasto, sin sabor
¼ de taza de jarabe de bayas de saúco (véase la página 135)
2 cucharadas de miel cruda

INSTRUCCIONES

En un cazo pequeño vierte el zumo y caliéntalo a fuego medio. Añade la gelatina y bate con energía y sin parar hasta que esta se haya disuelto por completo. Retira el cazo del fuego y añade el jarabe de bayas de saúco y la miel. Bate hasta que quede bien mezclado.

Coloca moldes de silicona en una bandeja de horno resistente y, a continuación, echa en ellos la mezcla ayudándote de una cuchara. Mete la bandeja con los moldes en la nevera de 30 a 60 minutos, o hasta que queden sólidos. Saca las gominolas de los moldes y guárdalas en un recipiente hermético en el frigorífico, donde aguantarán bien hasta 2 semanas.

MODO DE EMPLEO: Pongamos que cada molde contiene aproximadamente 1 cucharada. En ese caso, cuando no te sientas bien, puedes tomar de 6 a 12 gominolas cada 3 o 4 horas hasta que te encuentres mejor.

TINTURA DE EQUINÁCEA

La equinácea es una de las hierbas más antiguas y más utilizadas del mundo. Y no es de extrañar que sea tan popular si tenemos en cuenta su eficacia para estimular el sistema inmunitario. Según algunos estudios llevados a cabo en Alemania, la equinácea aumenta la resistencia natural del organismo a las infecciones dada su capacidad para incrementar la actividad de los macrófagos y las células T, que representan las primeras líneas de defensa del organismo. Además, como apenas tiene efectos secundarios, por no decir ninguno, su ingesta resulta segura para niños y ancianos. Lo habitual es prepararla como tintura y se puede tomar tanto para reforzar el sistema inmunitario como para evitar infecciones respiratorias o dolores de garganta. Su eficacia es mayor si se consume cuando comienzan los síntomas.

INGREDIENTES

½ taza de raíz seca de equinácea

½ taza de flores secas de equinácea

1½ tazas de vodka o brandy de 80 grados

INSTRUCCIONES

En un tarro de cristal de medio litro, coloca las raíces y las flores de equinácea. Añade el vodka, que ha de cubrir las hierbas unos 5 centímetros. Cubre el tarro con una tapa hermética, agítalo bien y déjalo reposar en un lugar fresco y oscuro, agitándolo a diario, de 4 a 6 semanas. En principio, cuanto más tiempo lo tengas así, más potente será. Cuela las hierbas del líquido, apartándolas para hacer compost con ellas, y vierte el resultado en un frasco de cristal limpio con gotero. Mantenlo en un lugar fresco y oscuro, donde aguantará bien hasta 5 años.

MODO DE EMPLEO: Si tienes la impresión de que estás incubando un resfriado o una gripe, puedes tomar hasta ½ cucharadita cada hora. Según vayan remitiéndote los síntomas, podrás reducir la dosis. Es posible tomar la tintura tanto sola como añadida al té o al agua.

CONSEJOS DE SEGURIDAD: Evita consumir equinácea si estás tomando medicamentos recetados para enfermedades cardiacas o si así te lo recomienda tu médico.

El hígado de los menores de dos años no se ha desarrollado aún del todo, motivo por el que les cuesta descomponer el alcohol. Así que, antes de darle una tintura con alcohol a un niño de esa edad o a cualquiera que deba evitar su consumo, añade una gota de la tintura a una taza de agua hirviendo. De esta forma, el alcohol se habrá evaporado cuando el agua se encuentre lo suficientemente fría como para beberla.

TÉ DE LIMÓN Y JENGIBRE

El jengibre se ha venido utilizando tanto en la medicina tradicional como en la alternativa desde hace muchísimo tiempo. Aunque con frecuencia se usa para mejorar la digestión y aliviar las náuseas, también se ha reconocido su capacidad para reducir la inflamación, aliviar el dolor de garganta, descongestionar, aligerar molestias, tratar los dolores de cabeza y calentarnos, lo cual es muy de agradecer cuando estar enfermo nos provoca escalofríos. Personalmente lo uso a menudo durante la temporada de gripe y resfriados, en especial cuando me noto congestionada y con dolor de garganta. Mi impresión es que el limón y el jengibre resultan estimulantes y muy útiles para despejar los senos nasales y que la miel ayuda a aliviar una garganta irritada. En caso de que disponga de miel de salvia casera (véase la página 146), siempre la uso para aliviar la congestión.

INGREDIENTES

Un trozo de jengibre fresco de 5 cm pelado y rallado

2 cucharadas de zumo de limón fresco, o más al gusto

2 tazas de agua hirviendo

Miel cruda

INSTRUCCIONES

Echa el jengibre y el zumo de limón en un termo y vierte sobre ellos el agua hirviendo. Tapa el recipiente, agítalo con energía y déjalo reposar de 15 a 30 minutos.

MODO DE EMPLEO: Cuela 1 taza cada vez, añádele miel al gusto y bébelo caliente.

Imagen superior izquierda: Té de limón y jengibre (en esta misma página); imagen superior derecha: Miel de salvia (véase la página 146); imagen inferior izquierda: Infusión digestiva de malvavisco y menta (véase la página 147); imagen inferior derecha: Infusión de dulces sueños (véase la página 151).

JARABE PARA LA TOS DE REGALIZ Y TOMILLO

Este jarabe es un modo delicioso de aliviar la tos mediante la ingesta de dosis concentradas de regaliz, tomillo y jengibre. El regaliz y la miel nos ayudan a reducir la inflamación, así como a aliviar el dolor de garganta; el tomillo calma los espasmos de la tos, libera la congestión del pecho y aplaca el dolor de garganta, y el jengibre permite moderar la tos congestionada y abrir los senos nasales taponados.

INGREDIENTES

- ¼ de taza de raíz de regaliz seca
- ¼ de taza de tomillo seco
- 2 cucharadas de jengibre fresco picado
- 4 tazas de agua filtrada
- 1 o 2 tazas de miel cruda

INSTRUCCIONES

En un cazo, mezcla el regaliz, el tomillo y el jengibre y añádele el agua filtrada. Cuece la infusión a fuego lento hasta que te parezca que el líquido se ha reducido a la mitad. Cuela la infusión, dejando los sólidos para hacer compost, y vierte la infusión de nuevo en el cazo. Incorpora entonces la miel cruda y calienta la mezcla a fuego lento. Remueve sin dejar de hacerlo hasta que en un termómetro de repostería la temperatura alcance los 40 °C (no más, para no matar las enzimas de la miel). Una vez apagado el fogón, pasa el jarabe a una botella o a un tarro limpio. Etiqueta el tarro con el nombre y la fecha y guárdalo en la nevera, donde aguantará bien hasta 6 meses.

MODO DE EMPLEO: En el caso de los adultos, debe tomarse 1 cucharada 3 o 4 veces al día hasta que remitan los síntomas. En el de los niños menores de doce años, 1 cucharadita 2 o 3 veces diarias.

CONSEJOS DE SEGURIDAD: Evita el regaliz si estás tomando algún medicamento para enfermedades cardiacas o si así te lo aconseja tu médico.

La Academia Americana de Pediatría recomienda no dar miel a niños menores de un año para evitar el riesgo de botulismo.

Consulta a un pediatra antes de administrar este jarabe a los niños.

UNGÜENTO DE MENTOL NATURAL

Pocas cosas hay peores que no ser capaz de dormir por no poder respirar. Y, dado que los productos comerciales para dar masajes de vapor normalmente llevan entre sus ingredientes petróleo y parabenos, yo prefiero preparar un bálsamo con aceites esenciales que alivien la tos y la congestión. El eucalipto es antibacteriano, antiinflamatorio y expectorante, características que lo vuelven ideal para eliminar la congestión; la menta es antibacteriana, antiinflamatoria y calmante; la lavanda es relajante y puede ayudarnos a conciliar el sueño; el árbol del té es antimicrobiano y muy eficaz para hacer frente a los patógenos, y el limón es antivírico y estupendo para aplacar resfriados, tos y otros problemas respiratorios. Como los niños no deberían tomar eucalipto y menta, he elaborado una fórmula distinta para ellos en la que uso madera de cedro e incienso.

INGREDIENTES PARA ADULTOS

¼ de taza de aceite de coco

¼ de taza de manteca de karité

2 cucharadas de cera de abeja o 1 cucharada de cera de candelilla

20 gotas de aceite esencial de eucalipto

20 gotas de aceite esencial de menta

10 gotas de aceite esencial de lavanda

5 gotas de aceite esencial de árbol del té

5 gotas de aceite esencial de limón

INGREDIENTES PARA NIÑOS (MENORES DE 10 AÑOS)

¼ de taza de aceite de coco

¼ de taza de manteca de karité

2 cucharadas de cera de abeja o 1 cucharada de cera de candelilla

8 gotas de aceite esencial de madera de cedro

8 gotas de aceite esencial de árbol del té

4 gotas de aceite esencial de lavanda

4 gotas de aceite esencial de incienso

INSTRUCCIONES

Vierte 5 centímetros de agua en una cazuela para hacer un baño maría (véase la página 127 si necesitas saber cómo) y ponla a hervir a fuego medio. Mezcla el aceite de coco y la manteca de karité en el recipiente superior y caliéntalos al baño maría hasta que se hayan derretido. En ese momento, retira el cazo del fuego y deja que se vaya templando durante 5 minutos. Añade entonces los aceites esenciales, mézclalos bien y vierte el resultado en un recipiente de cristal o de hojalata. Deja que se enfríe completamente durante 1 hora, luego tápalo y guárdalo en un lugar fresco y seco.

MODO DE EMPLEO: Aplica y masajea el producto sobre el pecho para aliviar la tos y la congestión.

CONSEJOS DE SEGURIDAD: El aceite esencial de eucalipto no debe ser utilizado en niños menores de diez años. El aceite esencial de menta piperita no debe ser utilizado en niños menores de seis años.

MIEL DE SALVIA

Si se pusiera a enumerar los usos medicinales de la salvia, a cualquier herbolario se le agotarían las fuerzas. Porque, a pesar de que solemos considerarla una hierba culinaria, en realidad nos servirá igual de bien en el botiquín. Dada su capacidad para tensar y tonificar los tejidos inflamados, a mí me encanta usarla para aliviar la tos. En infusión con miel, es muy sencilla de preparar y aún más fácil de administrar, convirtiéndose así en una maravillosa alternativa a los jarabes para la tos comerciales. En un ensayo clínico aleatorizado doble ciego, se compararon los efectos sobre el dolor de garganta que tenía un extracto de salvia y equinácea con los que producía un aerosol compuesto de clorhexidina y lidocaína, y los investigadores concluyeron que el extracto de hierbas era ligeramente más eficaz para reducir los síntomas. Así que, siempre que me hace falta, se lo doy a mis hijos a cucharadas, me lo bebo yo en agua caliente con limón o se lo añado al té.

INGREDIENTES

½ taza de salvia seca   *1½ tazas de miel cruda*

INSTRUCCIONES

En un tarro de cristal limpio de medio litro, echa la salvia seca y vierte por encima la miel. Tapa y sella el tarro y deja que la miel infusione en un lugar oscuro de 2 a 4 semanas. En principio, cuanto más tiempo lo tengas así, más fuerte será. Una vez esté lista, pasa la miel por un colador a un tarro limpio y ciérralo con una tapa hermética. Etiqueta el tarro con el nombre y la fecha y guárdalo en un lugar fresco y oscuro hasta el momento de utilizarlo. Aguantará bien por tiempo indefinido.

MODO DE EMPLEO: Cuando tengas dolor de garganta, vierte 1 cucharadita de miel de salvia en un vaso. Lleva 1 taza de agua casi a ebullición, échala sobre la miel y añade el zumo de medio limón. Bébela a sorbos y... ¡a disfrutar!

CONSEJOS DE SEGURIDAD: La Academia Americana de Pediatría aconseja no dar miel a niños menores de un año para evitar el riesgo de botulismo. Debido a sus efectos desecantes, la salvia tampoco debe utilizarse durante el embarazo ni la lactancia.

INFUSIÓN DIGESTIVA DE MALVAVISCO Y MENTA

El malvavisco lleva utilizándose miles de años por culturas de todo el mundo, desde los romanos y los árabes hasta los chinos, los egipcios y los sirios. Como alimento, se comía y veneraba como tubérculo. Como medicina, se hervía con miel para hacer un dulce delicioso con el que se trataban los dolores de garganta y estómago. Esta planta contiene una sustancia llamada mucílago, que alivia los tejidos inflamados de las vías respiratorias, digestivas y urinarias. Además, la receta que os propongo lleva menta, en parte para añadirle un sabor refrescante y delicioso, en parte porque, desde el punto de vista terapéutico, suele considerarse que reduce la inflamación y calma los trastornos digestivos. Así que esta infusión en concreto sirve perfectamente tanto para el dolor de garganta como para los de barriga y la indigestión. En el caso del dolor de garganta, a mí me gusta mezclarlo con la miel de salvia de la página 146.

INGREDIENTES

2 cucharadas de raíz de malvavisco seca
2 cucharaditas de hojas secas de menta piperita
2 tazas de agua a temperatura ambiente

INSTRUCCIONES

En un tarro de cristal de litro, mezcla el malvavisco y la menta, vertiendo sobre ellos el agua. Cierra bien el tarro y deja reposar la mezcla de 2 a 3 horas. Cuela el líquido y separa las hierbas para compostarlas.

MODO DE EMPLEO: Para aliviar el malestar estomacal o el dolor de garganta, bebe ½ taza 2 o 3 veces al día.

CONSEJOS DE SEGURIDAD: Consulta a un pediatra antes de dar esta infusión a los niños.

TÓNICOS DIGESTIVOS

Nuestras papilas gustativas están preparadas para identificar cinco sabores: dulce, ácido, salado, umami y amargo. Sin embargo, en la actualidad, dada la preferencia generalizada por los alimentos procesados dulces y salados, los sabores amargos casi han desaparecido de nuestros platos y paladares. De hecho, hay herbolarios que atribuyen los problemas digestivos actuales a lo que consideran una «carencia de lo amargo» en nuestra dieta. Tiene sentido, la verdad, sobre todo si pensamos en los beneficios de los alimentos amargos. Estos activan y excitan el sistema digestivo estimulando la producción de saliva, jugos gástricos y bilis para equilibrar el apetito y favorecer la digestión. Suele decirse que tomar cosas amargas con regularidad alivia la acidez y la indigestión, calma el malestar estomacal, aplaca las náuseas, estimula la desintoxicación y favorece la salud de la piel. Y, si bien la manera tradicional de incorporarlos es ingiriendo alimentos reales —en concreto, verduras densas en nutrientes como la rúcula, la achicoria, el diente de león y la escarola—, también puedes añadir sabores amargos a tus comidas con los líquidos. Un líquido amargo se prepara igual que una tintura, pero utilizando como materia vegetal hierbas amargas. Puedes tomarlo solo, con una bebida o en un cóctel elegante. A continuación te ofrezco una receta sencilla.

INGREDIENTES

1 cucharada de raíz de diente de león picada
1 cucharada de raíz de bardana picada
1 cucharada de naranja fresca picada sin piel
2 cucharaditas de jengibre fresco rallado
½ rama de canela machacada
1 taza de vodka de 80 grados

INSTRUCCIONES

En un tarro de cristal de medio litro, mezcla el diente de león, la bardana, la piel de naranja, el jengibre y la canela. Sobre ello, vierte el vodka y asegúrate de que todos los ingredientes queden sumergidos. Remueve bien y cierra con una tapa hermética. Etiqueta el tarro con el nombre, las plantas utilizadas y la fecha. Guárdalo a temperatura ambiente en un lugar fresco y oscuro para que se infusione de 4 a 6 semanas. En principio, cuanto más tiempo lo tengas así, más potente será. Cuela el líquido y pásalo a un frasco de cristal ámbar con gotero.

MODO DE EMPLEO: Añade 1 cucharadita de este amargo al agua, al agua con gas, al zumo o a un cóctel y tómalo 15 o 30 minutos antes de las comidas.

INFUSIÓN PARA EL ESTRÉS

Esta deliciosa infusión contiene nervinas calmantes (hierbas que ayudan al sistema nervioso) y favorecerá que te relajes tras un día estresante. Entre sus ingredientes está la melisa, hierba que Paracelso —médico y alquimista del Renacimiento— consideraba el «elixir de la vida», probablemente por su eficacia a la hora de tranquilizar el sistema nervioso, conciliar el sueño y aplacar el aparato digestivo. Otro de sus ingredientes es la escutelaria, que actúa como sedante y sirve de tónico a los nervios aliviando la ansiedad, el estrés y la tensión. Por motivos prácticos, yo suelo preparar suficiente mezcla seca para 8 tazas de té. Pero, si te parece que vas a usarla con frecuencia, también puedes duplicar o triplicar dicha cantidad.

INGREDIENTES

2 cucharadas de melisa seca
2 cucharadas de manzanilla seca
2 cucharadas de escutelaria seca
1 cucharada de brotes secos de lavanda
1 cucharada de pasiflora seca

INSTRUCCIONES

En un tarrito de cristal de unos 120 mililitros, combina las hierbas y mézclalas bien. Sella el tarro, etiquétalo y ponle fecha y a continuación guárdalo en un lugar fresco y oscuro, donde aguantará bien hasta 6 meses.

MODO DE EMPLEO: Prepara una infusión añadiendo 1 cucharada de esta mezcla de hierbas a 1 taza de agua hirviendo. Déjala reposar de 15 a 30 minutos. En principio, cuanto más tiempo lo tengas así, más fuerte será. Cuando la bebida ya se haya infusionado, cuélala y tómala a sorbos.

CONSEJOS DE SEGURIDAD: Consulta a un pediatra antes de dar esta infusión a los niños.

INFUSIÓN DE DULCES SUEÑOS

Si te cuesta conciliar el sueño, te encantará esta mezcla que combina hierbas que relajan el sistema nervioso y favorecen la llegada del sueño. Dado que habitualmente las hierbas funcionan mejor cuando se usan de manera reiterada, te recomiendo que dejes hecho un tarro entero para que puedas preparar de forma rápida y sencilla una infusión cada noche antes de acostarte. Cada una de estas tandas llega para 8 tazas de té. Pero, si te parece que vas a usarla con frecuencia, también puedes duplicar o triplicar dicha cantidad.

INGREDIENTES

3 cucharadas de manzanilla seca
2 cucharadas de melisa seca
1 cucharada de hierba gatera seca
1 cucharada de avena verde

1½ cucharaditas de pasiflora seca
¾ de cucharadita de flores secas de lúpulo
¾ de cucharadita de valeriana seca

INSTRUCCIONES

En un tarrito de cristal de unos 120 mililitros, combina las hierbas y mézclalas bien. Sella el tarro, etiquétalo y ponle fecha y a continuación guárdalo en un lugar fresco y oscuro, donde aguantará bien hasta 6 meses.

MODO DE EMPLEO: Prepara una infusión añadiendo 1 cucharada de esta mezcla de hierbas a 1 taza de agua hirviendo. Déjala reposar de 10 a 15 minutos. En principio, cuanto más tiempo lo tengas así, más fuerte será. Cuando la bebida ya se haya infusionado, cuélala y tómala a sorbos 1 hora antes de acostarte.

CONSEJOS DE SEGURIDAD: Consulta a un pediatra antes de dar esta infusión a los niños. Yo, a mis hijos, para que se relajen antes de acostarse, prefiero darles una infusión normal de manzanilla.

MIEL PARA DULCES SUEÑOS

Por sí misma, la miel ya es una medicina potente. Pero, si la infusionas con hierbas, se convierte en una supermedicina con la capacidad de brindarnos propiedades curativas sin el sabor amargo de las tinturas y las infusiones o tés. En mi botiquín del bienestar siempre tengo a mano una mezcla de mieles a base de hierbas, como la miel de salvia (véase la página 146) para aplacar el dolor de garganta, la miel de cúrcuma para aliviar la inflamación y la miel de ajo para reforzar el sistema inmunitario. Aun así, mi preferida es la miel para la hora de irse a dormir. Al estar infusionada con hierbas que relajan el sistema nervioso y favorecen la llegada del sueño, es el complemento perfecto para la infusión de dulces sueños (para adultos; véase la página 151) o la infusión normal de manzanilla (para niños).

INGREDIENTES

1 cucharada de flores secas de manzanilla
1 cucharada de flores secas de lavanda
1 cucharada de melisa seca
2 tazas de miel cruda

INSTRUCCIONES

Echa las hierbas en un tarro de cristal limpio de litro. Vierte por encima de ellas la miel, asegurándote de que las hierbas queden totalmente sumergidas. Enrosca una tapa hermética y deja el tarro en un lugar fresco y oscuro de 2 a 4 semanas. En principio, cuanto más tiempo lo tengas así, más potente será. Comprueba la miel a diario. Si ves que las hierbas suben flotando hasta la superficie, coloca el tarro boca abajo para que se sumerjan de nuevo. Una vez pasadas entre 2 y 4 semanas, vierte 2,5 centímetros de agua en un cazo pequeño. Quítale la tapa al tarro de miel y métalo en el agua. Pon el fuego a medio gas y calienta la miel hasta que esta se derrita. Ten mucho cuidado de que el agua no hierva; si lo hiciera, se destruirían las enzimas de la miel debido a la alta temperatura. Una vez derretida la miel, cuélala y pásala a un tarro de cristal limpio. Cierra este con una tapa hermética y guárdalo en un lugar fresco y oscuro, donde aguantará bien indefinidamente.

MODO DE EMPLEO: Añade de ½ a 1 cucharada de miel a 1 taza de la infusión de dulces sueños (véase la página 151) o a una infusión normal de manzanilla, una vez estas ya estén calientes.

CONSEJO DE SEGURIDAD: La Academia Americana de Pediatría aconseja no dar miel a niños menores de un año para evitar el riesgo de botulismo.

ACEITE Y BÁLSAMO PARA PERCANCES

Una de mis maneras preferidas de usar las hierbas es convertirlas en aceites y bálsamos infusionados. Aunque no resulta complicado, la verdad es que puede llevarte un tiempo si lo realizas de forma lenta, mediante una infusión fría. Me gusta infusionar aceites a finales de agosto, cuando acaba la temporada de cultivo y tengo la cocina rebosante de hierbas y flores frescas. Así, cuando llega el equinoccio de otoño, dispongo de un botiquín bien surtido para los meses más fríos. La receta que te ofrezco sirve para elaborar un bálsamo y un aceite que utilizo en lugar de Neosporin, es decir, para la piel seca y todo tipo de rasguños, cortes, picaduras y llagas. La caléndula, una flor con cualidades antisépticas y antiinflamatorias, favorece la reparación y el crecimiento celular. Cuando me apetece convertirlo en un bálsamo, le añado además aceites esenciales como manzanilla, incienso, lavanda o árbol del té para limpiar, aliviar y curar las heridas.

INGREDIENTES

¾ de taza de flores secas de caléndula

1 taza de aceite de oliva prensado en frío

3 cucharadas de cera de abeja o
1½ cucharadas de cera de candelilla

De 10 a 15 gotas de aceite esencial (opcional)

INSTRUCCIONES

1. En un tarro de cristal limpio de medio litro coloca las flores de caléndula. Vierte el aceite de oliva, de forma que queden sumergidas al menos 2,5 centímetros. Remuévelo, cúbrelo con una tapa hermética y colócalo en un lugar fresco y oscuro de 4 a 6 semanas. En principio, cuanto más tiempo lo tengas así, más potente será. Cuando el aceite se haya infusionado, pásalo por un colador de malla fina o una estopilla, retira las hierbas para compostarlas y trasládalo a un tarro de cristal limpio. Lo podrás usar tal cual o hacer un bálsamo con él.

2. Si te decides a elaborar un bálsamo, vierte 5 centímetros de agua en una cazuela para hacer un baño maría (véase la página 127 si necesitas saber cómo) y ponla a hervir a fuego medio. Combina el aceite infusionado y la cera en el recipiente superior y caliéntalos al baño maría hasta que esta se haya derretido. Retira el cazo del fuego, añade el aceite esencial y viértelo con cuidado en los recipientes. Deja que se enfríe y cuaje durante 1 hora, luego tápalo y guárdalo en un lugar fresco, donde aguantará bien hasta 1 año.

NOTA: Si deseas ajustar la consistencia del bálsamo, fúndelo al baño maría y añade más aceite de oliva si quieres uno más suave, o más cera si prefieres uno más firme.

BÁLSAMO LABIAL DE MENTA

Sin duda, este es uno de los productos más útiles y sencillos de elaborar en casa. Me encanta infusionarlo con aceite esencial de menta piperita, pero podrías optar por muchos otros. Solo debes tener cuidado de evitar los aceites fitotóxicos, que pueden volverse tóxicos expuestos a la luz solar. Entre estos se encuentran los de bergamota, limón, lima, mandarina y naranja.

Con esta receta obtendrás unos 90 mililitros de bálsamo, que podrás almacenar en latas de metal, tarritos de cristal o tubos de bálsamo labial de cartón (yo los compro en Etsy). Una tanda da para seis latas de 15 mililitros o nueve tubos de 10 mililitros. Como eso es mucho bálsamo labial, guardo unos cuantos en mi botiquín del bienestar para usarlos durante el año y regalarlos en fiestas o cumpleaños. En cualquier caso, puedes ajustar la receta para hacer menos si lo prefieres.

INGREDIENTES

2 cucharadas de aceite de coco ecológico

2 cucharadas de manteca de karité

2 cucharadas de cera de abeja rallada o 1 cucharada de cera de candelilla rallada

10 gotas de aceite esencial

INSTRUCCIONES

Vierte 5 centímetros de agua en una cazuela para hacer un baño maría (véase la página 127 si necesitas saber cómo) y ponla a hervir a fuego medio. Mezcla el aceite de coco, la manteca de karité y la cera de abeja en el recipiente superior y caliéntalos al baño maría hasta que se hayan derretido. Retira el cazo del fuego y añade el aceite esencial. Mézclalo y trasládalo a recipientes limpios con un cuentagotas o una pipeta. Después deja que se endurezca de 30 a 60 minutos y guárdalo en un lugar fresco y seco, donde aguantará bien hasta 1 año.

NOTA: En caso de que desees ajustar la consistencia del bálsamo labial, fúndelo al baño maría y añade más aceite de coco si quieres uno más suave, o más cera si prefieres uno más firme. Si quieres probar a hacer un bálsamo labial con color, al echar los aceites esenciales, añade 2 cucharadas de polvo de remolacha o de hibisco.

CONSEJOS DE SEGURIDAD: Evita utilizar el aceite esencial de menta piperita en menores de seis años. Existen otras opciones más seguras para ellos, como son la manzanilla, la lavanda, el árbol del té, el vetiver o la cananga.

BÁLSAMO PARA EL DOLOR DE CABEZA

Cuando a mi marido le entran dolores de cabeza por estrés, me gusta ayudarlo a encontrar alternativas a las típicas soluciones comerciales. Hasta ahora, lo que mejor suele funcionarle es diluir aceites esenciales específicos y aplicárselos en las sienes, la frente y las muñecas. Como viaja mucho y resulta bastante improbable que lleve consigo aceites esenciales y aceites vehiculares, yo se los añado a un ungüento que puede transportar en un tubo de bálsamo labial o en una lata metálica. La receta que te propongo da para tres recipientes de 30 mililitros de bálsamo para el dolor de cabeza. En cualquier caso, siempre puedes ajustarla según el número de botes que quieras hacer.

INGREDIENTES

2 cucharadas de aceite de coco

2 cucharadas de manteca de karité

2 cucharadas de cera de abeja rallada o 1 cucharada de cera de candelilla

20 gotas de aceite esencial de menta

10 gotas de aceite esencial de lavanda

10 gotas de aceite esencial de incienso

5 gotas de aceite esencial de romero

INSTRUCCIONES

Vierte 5 centímetros de agua en una cazuela para hacer un baño maría (véase la página 127 si necesitas saber cómo) y ponla a hervir a fuego medio. Mezcla el aceite de coco, la manteca de karité y la cera en el recipiente superior y caliéntalos al baño maría hasta que se hayan derretido. En ese momento, retira el cazo del fuego y añade los aceites esenciales. Mézclalos bien y trasládalos a recipientes limpios. Te resultará mucho más fácil hacerlo en caso de que dispongas de un cuentagotas o una pipeta. De lo contrario, también puedes verterlo con pulso firme y poco a poco. Después deja que el bálsamo se endurezca entre 30 y 60 minutos y luego guárdalo en un lugar fresco y oscuro.

MODO DE EMPLEO: Toma una pequeña cantidad del bálsamo y aplícala en las sienes, la nuca, los hombros y detrás de las orejas. Masajea suavemente la piel y aspira su aroma.

NOTA: En caso de que desees ajustar la consistencia del bálsamo, puedes fundirlo de nuevo al baño maría y añadir más aceite de coco si pretendes obtener uno más suave, o más cera si lo que te apetece es uno más firme.

CONSEJOS DE SEGURIDAD: Evita utilizar el aceite esencial de menta piperita en menores de seis años y el aceite esencial de romero en menores de diez.

BAÑO DE AVENA Y CALÉNDULA PARA EL PICOR

Si añades avena, flores de caléndula y bicarbonato de sodio a un baño caliente, podrás aliviar la piel seca, los picores o las inflamaciones propias de eccemas, varicela, hiedra venenosa o picaduras de mosquito. La avena y la caléndula son antiinflamatorias, mientras que el bicarbonato eleva el pH de la piel y ayuda a reducir el picor.

INGREDIENTES

½ taza de avena *¼ de taza de bicarbonato sódico*

¼ de taza de flores secas de caléndula *5 gotas de aceite esencial de lavanda*

INSTRUCCIONES

En un robot de cocina o en una batidora muele la avena hasta que quede un polvo fino. Mezcla bien todos los ingredientes en un cuenco mediano. Pasa la mezcla a una media de nailon o a un calcetín de vestir fino de algodón y átalo con un nudo.

MODO DE EMPLEO: Mete el calcetín en una bañera caliente y déjalo en remojo durante 30 minutos. Cada cierto tiempo, aprieta el calcetín, a fin de que se libere la mayor cantidad posible de almidón de avena. Una vez hecho esto, separa los ingredientes para compostarlos, enjuaga bien el calcetín y sécalo con un paño para reutilizarlo.

INSECTICIDA NATURAL

El verano es temporada de alegría. Cuando recuerdo los veranos de mi infancia, recreo imágenes de senderismo, ciclismo, acampada, natación…, pero, por desgracia, ¡siempre con el cuerpo rociado de insecticida! Ahora, soy madre de una niña muy dulce, lo es tanto… que los mosquitos la adoran casi lo mismo que a mí. Por suerte, entre mis recetas caseras preferidas se encuentra este sencillo y eficaz insecticida contra mosquitos, moscas y bichos similares de clima cálido. En caso de que no te haga gracia rociar aceites esenciales sobre la piel de tus hijos, puedes hacerlo sobre la ropa y el calzado. No dejes de consultar el consejo de seguridad que cierra esta página.

Esta receta es extremadamente versátil. Si no dispones de todos los aceites esenciales que aparecen en la lista, usa alguna variación de los que tengas a mano o sustitúyelos por otros que también repelan a los insectos, como la hierba de limón, el vetiver y el pachulí. En total, tendrías que utilizar algo menos de 100 gotas de aceites esenciales por cada frasco de 250 mililitros.

INGREDIENTES

½ taza de extracto de hamamelis

20 gotas de aceite esencial de citronela

20 gotas de aceite esencial de eucalipto de limón

20 gotas de aceite esencial de geranio

10 gotas de aceite esencial de lavanda

10 gotas de aceite esencial de romero

10 gotas de aceite esencial de cedro

5 gotas de aceite esencial de árbol del té

½ taza de agua o vinagre de sidra de manzana, ya sea comprado o casero (véase la página 34)

½ cucharadita de glicerina vegetal

INSTRUCCIONES

Vierte el extracto de hamamelis en una botella pulverizadora. Añade los aceites esenciales, el vinagre de sidra de manzana y la glicerina vegetal.

MODO DE EMPLEO: Agítalo bien antes de usarlo y a continuación aplícalo tantas veces como te parezca necesario. Mantenlo alejado de ojos, nariz y boca.

CONSEJOS DE SEGURIDAD: El eucalipto y el romero no deben utilizarse en niños menores de diez años. Si estás preparando esta receta para niños pequeños, deberías omitir estos aceites esenciales y, para sustituirlos, duplicar la cantidad de citronela y cedro.

REMEDIOS SENCILLOS
PARA PICORES Y PICADURAS

Algunos de los remedios caseros más eficaces a la hora de aliviar el picor o la inflamación de las picaduras de insectos son muy sencillos y pueden prepararse con ingredientes que seguramente ya tengas en el jardín o en el armario de la cocina.

GEL DE ALOE VERA. Calma y alivia el picor y la inflamación de la piel. Para usarlo no te hará falta más que poner sobre la herida un poco de gel, que podrás adquirir en la tienda, o extraerlo de la hoja de una planta de interior.

VINAGRE DE SIDRA DE MANZANA O ZUMO DE LIMÓN. El ácido ayuda a neutralizar el veneno alcalino de las avispas y los avispones. Para usarlo, simplemente moja un paño limpio en vinagre de sidra de manzana o zumo de limón y aplícalo sobre la herida.

BICARBONATO SÓDICO. Al ser una base, ayuda a neutralizar el veneno ácido de hormigas, abejas y otros insectos que muerden y pican (distintos de las avispas y los avispones). Para usarlo bastará con que hagas una pasta de bicarbonato sódico y agua y la apliques sobre la herida de 30 a 60 minutos.

ARCILLA DE BENTONITA. Eleva la temperatura de la piel, aumenta la circulación y extrae las toxinas. Para usarla sencillamente haz una pasta de arcilla, aloe y agua y aplícala durante 30 minutos sobre las zonas inflamadas o que te piquen.

LLANTÉN FRESCO. Elimina las toxinas y sirve de analgésico, antiinflamatorio y antiséptico natural. Para usarlo tendrás que encontrar una hoja de esta planta en una zona alejada de carreteras, vías férreas o zonas tratadas con pesticidas. A continuación, mastícala durante 30 segundos y luego aplícala sobre la herida como si se tratara de una cataplasma.

ACEITE ESENCIAL DE LAVANDA O ÁRBOL DEL TÉ. Aplicándolo sobre la piel, sirve para reducir la inflamación y prevenir la infección. Para usarlo, mezcla de 1 a 3 gotas de aceite esencial con 1 cucharadita de aceite de almendras dulces y ponlo sobre la zona afectada.

ACEITE DE MENTA Y LAVANDA PARA LAS QUEMADURAS SOLARES

Esta mezcla de aceites esenciales de menta piperita y lavanda es un remedio sencillo para las quemaduras solares leves. La lavanda es analgésica y actúa aletargando el dolor, nutriendo la piel y ayudando a regenerar nuevas células cutáneas; la menta es refrescante, antiinflamatoria y analgésica. Por motivos prácticos, personalmente prefiero guardar el aceite en un frasco de cristal *roll-on* que pueda llevar siempre en el bolso o en la mochila.

INGREDIENTES

2 cucharadas de aceite de jojoba o de almendras dulces

3 gotas (para menores de 15 años) o 7 gotas (para mayores de 15 años) de aceite esencial de lavanda

3 gotas (para niños de 6 a 15 años) o 7 gotas (para mayores de 15 años) de aceite esencial de menta piperita

INSTRUCCIONES

Mezcla los aceites y viértelos en un frasco de vidrio con *roll-on*.

MODO DE EMPLEO: Aplícalo con suavidad en todas las zonas que se hayan quemado o que se hayan expuesto demasiado tiempo al sol. En función de lo que te parezca necesario, aplícalo durante 2 o 3 días.

CONSEJOS DE SEGURIDAD: Los aceites esenciales de menta no deben utilizarse en niños menores de seis años. Para sustituirlos, combina 2 cucharadas de aceite de jojoba o de almendras dulces y 6 gotas de aceite esencial de lavanda.

GEL DE ALOE VERA PARA HERIDAS Y QUEMADURAS

La primera planta que vi usar a mi abuelo con intenciones médicas fue el aloe vera. Cuando mi abuela se quemaba un dedo al tocar una sartén o mi hermano aparecía con una pequeña quemadura del sol, mi abuelo arrancaba una hoja de una planta de aloe y les aplicaba su gel fresco sobre las heridas. Este gel, además de ser calmante y aliviar el dolor, también contiene una alta concentración de antraquinonas que favorecen una curación rápida y la reparación de los tejidos. Entre sus muchas propiedades médicas, puede revertir las ampollas y prevenir las cicatrices y el daño tisular. Y, además de ser útil para heridas y quemaduras, también viene bien para mordeduras de insectos, picaduras, sarpullidos, hiedra venenosa y roble venenoso. (No obstante, si lo que quieres tratar es una quemadura grave, mejor consulta con un médico).

INGREDIENTES

Planta de aloe vera

INSTRUCCIONES

En función del tamaño de la quemadura o herida, corta una hoja suculenta más pequeña o más grande de una planta de aloe vera. No olvides dejar parte de la hoja intacta para que pueda seguir creciendo desde la base de la planta madre. Valiéndote de un cuchillo afilado, abre la hoja de forma horizontal para que el gel quede a la vista. Sácalo con la ayuda de una cuchara y aplícalo directamente sobre la quemadura, herida o erupción. Repite el procedimiento varias veces al día hasta que se te haya curado la lesión. En caso de que quieras cubrir la zona con un vendaje, acuérdate de utilizar uno que permita la transpiración de la piel.

CONSEJO: Si has arrancado una hoja grande de la planta, puedes verter el gel en una batidora, hacerlo puré y guardarlo en un tarro de cristal en el frigorífico, donde aguantará bien durante varias semanas.

UNGÜENTO DE ÁRNICA PARA CONTUSIONES Y ESGUINCES

En un botiquín casero es imprescindible el aceite de árnica. Es la hierba elegida cuando nos hacemos una herida para reducir el *shock* y acelerar la curación. Esta planta alpina, originaria de Europa, Asia Central y Siberia, alivia el dolor y la inflamación de los músculos magullados, los esguinces, las distensiones y las contusiones. En el mundo deportivo se usa para las lesiones y acelerar la recuperación tras los entrenamientos. Eso sí, solo es de uso tópico, ya que podría provocar graves efectos secundarios si se ingiriera. Yo la preparo como ungüento, para aplicarla de modo rápido y sencillo.

INGREDIENTES

¾ de taza de flores secas de árnica

1 taza de aceite de oliva ecológico prensado en frío

2 cucharadas de cera de abeja o 1 cucharada de cera de candelilla

INSTRUCCIONES

1. Pon el árnica en un tarro de cristal limpio de medio litro. Añade el aceite de oliva hasta que las flores queden sumergidas al menos 2,5 centímetros. Remueve, ciérralo con una tapa hermética y déjalo en un lugar fresco y oscuro de 4 a 6 semanas. Cuanto más tiempo lo tengas así, más potente será. Cuela con un colador de malla fina o una estopilla. Separa las hierbas para compostarlas.

2. Para el ungüento, vierte 5 centímetros de agua en una cazuela para hacer un baño maría (véase la página 127 si necesitas saber cómo) y ponla a hervir a fuego medio. Mezcla el aceite infusionado y la cera de abeja en el recipiente superior y caliéntalos al baño maría hasta que esta se derrita. Retira la olla superior del fuego y vierte la mezcla en recipientes. Deja que se enfríe y cuaje 1 hora, luego tápalo y guárdalo en un lugar fresco y oscuro, donde aguantará bien hasta 1 año.

MODO DE EMPLEO: Aplica el ungüento sobre contusiones, esguinces o torceduras y masajea. Según necesites, repite unos días hasta que el dolor desaparezca.

NOTA: Si deseas ajustar la consistencia del ungüento, fúndelo al baño maría y añade más aceite si quieres uno más suave, o más cera de abeja si prefieres uno más firme.

CONSEJOS DE SEGURIDAD: El árnica no debe ingerirse ni aplicarse sobre la piel agrietada, donde podría causar irritaciones y erupciones, tampoco en mujeres embarazadas o lactantes.

En niños menores de ocho años aplica el bálsamo de la página 154.

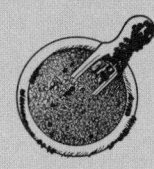

RUTINA NATURAL DE BAÑO Y CUERPO

Si sueles comprar con bolsas de tela, te molestas en compostar los restos de comida, elaboras tus propios productos de limpieza y preparas jarabe para la tos de forma casera, estás más que preparado para una rutina natural de baño y cuerpo. En algunos casos, esto consistirá en adquirir productos elaborados con ingredientes naturales y no tóxicos. En otros, se tratará de que elabores los tuyos propios con ingredientes sencillos de los que dispongas en la despensa. Sea de una u otra forma, sin duda tendrá un gran efecto en tu salud. Según la ONG Environmental Working Group, la mayoría de los estadounidenses utilizan una media de nueve productos de cuidado personal al día, exponiéndose a un total de ciento veintiséis ingredientes químicos. Lamentablemente, en Estados Unidos estos productos no se encuentran tan regulados como deberían, ya que la Administración de Alimentos y Medicamentos no tiene autoridad para exigir estudios y pruebas de salud antes de vender los cosméticos. Y aún es más inquietante el hecho de que muchos de los ingredientes utilizados ya hayan sido prohibidos en otros países por haberse relacionado con graves problemas de salud.

A pesar de esto, no realizamos una rutina natural para el baño y el cuerpo solo para eliminar sustancias químicas potencialmente peligrosas, sino para reducir los residuos, y, si no, echa un vistazo a todos los envases de plástico que hay en tu cuarto de baño. En lo personal, dejar de utilizar artículos de aseo tóxicos me llevó de forma paralela a minimizar los residuos. Además de sustituir productos excesivamente envasados por recetas sencillas y caseras, cambié los desechables por otros reutilizables: los cepillos de dientes de plástico por otros de bambú, los champús y acondicionadores embotellados por barras sin envasar y enjuagues de vinagre… A nadie le extrañará que los mismos productos que son buenos para nosotros lo sean también para el planeta.

A medida que modificaba mi rutina corporal y de baño, cambié también mi percepción de la belleza natural. Si bien nunca había sido de comprar muchos productos ni de ir muy maquillada, gastaba en lociones y cremas para prevenir el envejecimiento. Aunque no me gustaba reconocerlo, cuanto mayor me hacía, más me obsesionaba evitar las arrugas, las líneas de expresión, las manchas y las imperfecciones que suelen aparecer con la edad. Todo ello cambió cuando un problema de salud me obligó a repensar mi estilo de vida. Cuando empecé a cuidarme más —consumiendo alimentos limpios, comiendo sobre todo fruta y verdura, eliminando el azúcar y la cafeína—, mi piel mejoró de un modo espectacular. Me desaparecieron las ojeras que arrastraba desde la infancia. El cutis se me volvió más sonrosado y ganó luminosidad. En definitiva, por primera vez en mucho tiempo sentí que tenía un aspecto radiante. Parece ser que lo que necesitaba no eran productos especialmente formulados, sino bienestar (que era justo lo que me había faltado hasta entonces).

Ahora intento darle a mi rutina de baño y cuerpo un enfoque holístico. Gran parte de ella ocurre en la cocina o en el jardín, y sin duda también en mi forma de comer, beber y dormir. El resto tiene lugar en el baño, donde he sustituido la mayoría de los productos comerciales por otros caseros. Cuando elaboro mis propios productos, mi objetivo es que sean sencillos, no tóxicos, nutritivos y que apenas generen residuos. A lo largo de esta sección compartiré contigo algunas de mis recetas favoritas para el baño y el cuerpo, desde productos de tocador básicos hasta lavados faciales nutritivos y tisanas con las que me doy un capricho. En función de lo fácil que tengas el acceder a productos a granel, quizá no te quede más remedio que comprar algunos ingredientes básicos en envases de plástico, pero recuerda que una pequeña cantidad da para mucho y dura bastante. En cualquier caso, la mayoría de estas recetas se pueden elaborar con ingredientes de tu jardín, huerto o botiquín del bienestar, es decir, cosas que son sanas, curativas y nutritivas, tanto para ti como para el planeta.

CAMBIOS HACIA UN BAÑO SIN RESIDUOS

El cuarto de baño es, solo después de la cocina, el segundo lugar donde más residuos se generan en la mayoría de los hogares. Y por este motivo es el sitio ideal para eliminar envases innecesarios sustituyendo los artículos desechables por otros reutilizables y comprando productos envasados de forma sostenible o, mejor aún, sin envases. Puedes verlo como una oportunidad para simplificar tu rutina de belleza, evitar las sustancias químicas nocivas o tóxicas y controlar mejor qué productos aplicas a tu cuerpo, así como cuáles inevitablemente vuelven al medioambiente. Ten presente que sustituir no significa tirar lo que tienes actualmente, sino utilizarlo hasta que haya cumplido su función y luego cambiarlo por un producto y una rutina más sanos y sostenibles.

DESECHABLE O TÓXICO	REUTILIZABLE O NO TÓXICO
Cepillo de dientes de plástico	Cepillo de dientes de bambú
Bálsamo labial	Bálsamo labial casero, guardado en una lata o un tubo de cartón
Loción envasada en plástico	Loción casera, manteca corporal o loción en barra
Champú envasado en plástico	Champú en barra, botellas rellenables
Acondicionador envasado en plástico	Barra de acondicionador, botellas rellenables o vinagre de sidra de manzana
Champú seco envasado en plástico	Champú seco casero
Hilo dental de plástico	Púa de agua o hilo dental de seda en tarro de cristal
Bastoncillos de algodón con aplicador de plástico	Bastoncillos de algodón con aplicador de madera
Pañuelos de papel	Pañuelos de tela
Pasta de dientes en tubo de plástico	Pasta de dientes casera o comercial en tarro de cristal o tubo metálico reciclable
Enjuague bucal comercial	Enjuague bucal casero
Maquinilla de afeitar de plástico	Maquinilla de afeitar de seguridad de acero inoxidable
Peine y cepillo de pelo de plástico	Peine y cepillo de pelo de madera
Cepillo de uñas de plástico	Cepillo de uñas de madera
Cepillo exfoliante de plástico	Esponja vegetal
Coleteros y horquillas de plástico	Coleteros biodegradables y horquillas de madera
Tampones	Copas menstruales de silicona
Compresas menstruales desechables	Compresas menstruales de tela reutilizables, bragas menstruales
Discos desmaquillantes desechables	Discos desmaquillantes reutilizables
Desmaquillante tradicional	Aceite de coco o de oliva
Tónico facial comercial	Vinagre de manzana o tónico casero
Perfume comercial	Mezclas de aceites esenciales para aromaterapia
Jabón líquido para el cuerpo	Jabón en pastilla sin envasar
Jabón antibacteriano	Jabón en barra, desinfectante de manos casero
Papel higiénico envuelto en plástico	Papel higiénico envuelto en papel, reciclado/de bambú o un bidé
Desodorante convencional	Desodorante casero o comercial de residuo cero
Bombas de baño envasadas individualmente	Bombas de baño caseras
Coloretes y bronceadores comerciales	Coloretes y bronceadores caseros de origen vegetal
Cortina de ducha de plástico	Cortina de ducha de fibra natural
Botellas de viaje de plástico	Botellas de viaje de silicona
Caja de jabón de viaje de plástico	Caja de jabón de hojalata (o un recipiente metálico de Altoids reutilizado)
Cubo de basura de plástico	Cubo de basura de fibra natural o cubo de compostaje metálico con tapa

PASTA DE DIENTES DE DOS FORMAS

La pasta de dientes fue el primer producto de aseo casero con el que experimenté. Tras probar unas cuantas recetas diferentes, finalmente me decanté por estas dos, que me dejaban la boca fresca y limpia y a las que mi dentista dio el visto bueno. La diferencia entre ambas fórmulas es que una lleva bicarbonato sódico, ingrediente que ayuda a neutralizar el pH de la boca al tiempo que elimina suavemente la placa, y la otra no, porque hay gente para la que el bicarbonato puede ser irritante.

Las dos recetas contienen arcilla de bentonita, aceite de coco y xilitol. La arcilla de bentonita favorece la remineralización dental y reduce el pH bucal, además de eliminar toxinas del cuerpo. El aceite de coco es antimicrobiano y previene la candidiasis, que contribuye a la caries dental. El xilitol, que es un edulcorante natural que se puede comprar en internet y en la mayoría de las tiendas de productos naturales, ayuda a mantener un pH neutro en la boca e impide que las bacterias que causan las caries se nos adhieran a las piezas dentales. Mi sugerencia es que pruebes ambas recetas para que veas cuál es la que mejor te sirve a ti.

INGREDIENTES DE LA VERSIÓN 1

5 cucharadas de arcilla de bentonita en polvo, o más según necesites

⅓ de taza de agua filtrada, o más según necesites

2 cucharadas de aceite de coco ecológico sin refinar derretido

1 cucharada de xilitol

6 gotas de aceite esencial de menta o, para niños menores de 6 años, extracto de menta

INGREDIENTES DE LA VERSIÓN 2

3 cucharadas de arcilla de bentonita en polvo, o más según necesites

¼ de taza de agua filtrada, o más según necesites

2 cucharadas de bicarbonato sódico

2 cucharadas de aceite de coco ecológico sin refinar derretido

1 cucharada de xilitol

6 gotas de aceite esencial de menta o, para niños menores de 6 años, extracto de menta

INSTRUCCIONES

Echa en un cuenco todos los ingredientes y, valiéndote de una cuchara de madera, mézclalos bien hasta obtener una pasta suave (evita utilizar utensilios metálicos, ya que hacerlo desactivaría la carga eléctrica de la arcilla). Añade más arcilla o agua, en función de lo que te parezca necesario, para conseguir la consistencia adecuada, que debería ser como una pasta espesa en el caso de la primera receta y como una batida en el de la segunda. Una vez que esté bien mezclada, traslada la pasta a un recipiente (personalmente, suelo usar un tarro de cristal para la primera y un tubo de silicona para la segunda) y guárdala a temperatura ambiente. En caso de que la almacenes en tarros de cristal, te sugiero tener uno distinto para cada miembro de la familia, a fin de evitar la contaminación cruzada de gérmenes.

CONSEJOS DE SEGURIDAD: Los aceites esenciales de menta no deben utilizarse en niños menores de seis años.

ENJUAGUE BUCAL DE MENTA

En lo que respecta a enjuagues bucales a base de hierbas, he visto y probado numerosas recetas caseras. Algunas son maravillosas, pero bastante costosas, y suelen precisar mucho tiempo al exigir múltiples tinturas que puede llevarte hasta cuatro semanas hacerlas. Y, como en los productos básicos caseros yo prefiero encontrar algo sencillo y fácil, este enjuague bucal se ajusta mucho más a lo que busco. El aloe vera ayuda a calmar la inflamación, el sangrado de encías y la gingivitis; el bicarbonato sódico alcaliniza la boca, provocando que resulte menos hospitalaria para las bacterias, y el xilitol añade dulzor y contribuye a prevenir las caries. En el caso de los niños pequeños, no incorporo aceites esenciales para evitar que se los traguen; sin embargo, cuando es para los adultos, me gusta añadir unas gotas de aceites esenciales de árbol del té, menta y clavo. Los dos primeros combaten las bacterias y la inflamación, y el clavo es antiinflamatorio, analgésico y ayuda a calmar el dolor, también cuando este es de muelas o de garganta.

INGREDIENTES

¼ de taza de zumo de aloe vera o el gel de 3 hojas de una planta mediana

1 taza de agua destilada

2 cucharaditas de bicarbonato sódico

2 cucharaditas de xilitol

4 gotas de aceite esencial de menta o, para niños menores de 6 años, extracto de menta (opcional)

2 gotas de aceite esencial de árbol del té (opcional)

2 gotas de aceite esencial de clavo (opcional)

INSTRUCCIONES

Mezcla todos los ingredientes en un frasco de cristal y ciérralo con una tapa hermética.

MODO DE EMPLEO: Agítalo bien antes de usarlo. Haz buches con 3 cucharadas de enjuague bucal durante 1 o 2 minutos. No te lo tragues.

CONSEJO DE SEGURIDAD: Los aceites esenciales de menta no deben utilizarse en niños menores de seis años.

DESODORANTE DE DOS FORMAS

Si tu idea es reducir los envases desechables o evitar echarte en el cuerpo ingredientes que te planteen dudas, este desodorante puede ser tu forma de entrar en el mundo de las recetas caseras para el baño y el cuerpo. Y, para que no pierdas un fin de semana hojeando libros, revistas y blogs de bienestar natural, directamente te ofrezco aquí dos de mis desodorantes naturales favoritos. Uno es líquido, para usarlo en formato *roll-on*, y utiliza como base el extracto de hamamelis; el otro es sólido, a base de aceite, y tiene el aspecto y el tacto de un desodorante tradicional en barra.

Al margen de estos dos desodorantes, también es posible neutralizar el olor corporal limpiándote las axilas con vinagre de sidra de manzana o extracto de hamamelis. El vinagre de sidra de manzana es ácido por naturaleza y tiene propiedades antimicrobianas, mientras que el extracto de hamamelis es un astringente que destaca a la hora de eliminar el exceso de grasa. Yo suelo tener una cestita con una botella de uno u otro junto a un montón de discos faciales reutilizables. Cuando salgo de la ducha, o cuando noto que me viene bien refrescarme un poco, empapo un disco en vinagre de sidra de manzana o en extracto de hamamelis y me limpio las axilas. También hay gente a la que le gusta hacerlo además de utilizar los desodorantes naturales, ya que así neutraliza el pH de la zona axilar e inhibe el crecimiento bacteriano.

DESODORANTE *ROLL-ON* DE EXTRACTO DE HAMAMELIS

INGREDIENTES

½ cucharadita de bicarbonato sódico o sal marina

1½ cucharadas de extracto de hamamelis sin alcohol

1½ cucharaditas de glicerina vegetal ecológica o gel de aloe vera

12 gotas de aceite esencial de lavanda o árbol del té

INSTRUCCIONES

Valiéndote de un embudo pequeño, vierte el bicarbonato de sodio, el extracto de hamamelis, la glicerina y el aceite esencial en un frasco *roll-on* de cristal. Después, tápalo, agítalo bien y úsalo cuando te venga bien.

CONSEJO: Si eres sensible al bicarbonato sódico, utiliza sal marina en su lugar.

DESODORANTE CASERO EN BARRA

INGREDIENTES

2 cucharadas de manteca de karité
2 cucharadas de manteca de cacao
1 cucharada de cera de abeja
1 cucharada de aceite de almendras dulces

1 cucharadita de aceite de vitamina E
2½ cucharadas de arrurruz en polvo
2 cucharadas de arcilla de caolín o bentonita
15 gotas de aceite esencial (árbol del té, menta o lavanda)

INSTRUCCIONES

Vierte 5 centímetros de agua en una cazuela para hacer un baño maría (véase la página 127 si necesitas saber cómo) y ponla a hervir a fuego medio. Mezcla la manteca de karité y la manteca de cacao en el recipiente superior y caliéntalas al baño maría hasta que se hayan derretido. Añade la cera de abeja y remueve con un palito de madera hasta que se haya derretido. Añade el aceite de almendras y mezcla bien. En ese momento, retira el cazo del fuego y añade rápidamente el aceite de vitamina E, el arrurruz en polvo y la arcilla. Remueve hasta que los ingredientes secos hayan quedado completamente disueltos. Añade el aceite esencial y vierte con cuidado en un tubo desodorante de cartón (disponible en Etsy), un recipiente de hojalata o un tarro de cristal. Después, deja que se asiente, cierra la tapa y guárdalo a temperatura ambiente. Cuando necesites usarlo, te bastará con frotártelo bajo los brazos o aplicártelo con las manos.

DESINFECTANTE DE MANOS

Diversos estudios han demostrado que el jabón antibacteriano no solo no aporta ningún beneficio adicional en la lucha contra los gérmenes, sino que, lo que es peor, nos expone a nosotros y nuestras familias a sustancias potencialmente nocivas. Además, también hay artículos que demuestran que los niños expuestos a la suciedad tienen sistemas inmunitarios más sanos y robustos que los que relucen de limpios. En nuestra casa pensamos que el mejor modo de mantenerse sano es jugar con la tierra y lavarse con un poco de agua y jabón. Sin embargo, en el caso de que no dispongamos de agua y jabón —porque, por ejemplo, nos encontramos en el parque o de excursión—, me gusta utilizar este suave desinfectante de manos a base de aloe vera. A diferencia de los productos comerciales, esta receta solo utiliza plantas nutritivas y aceites esenciales para eliminar las bacterias. Y además… ¡huele mejor que los que se compran en el supermercado!

INGREDIENTES

$1/3$ de taza de gel puro de aloe vera

1 cucharada de extracto de hamamelis

$1/4$ de cucharadita de aceite de vitamina E

10 gotas de aceite esencial de árbol del té

5 gotas de aceite esencial de lavanda

INSTRUCCIONES

En un bol pequeño, mezcla todos los ingredientes ayudándote de un tenedor y luego traslada la mezcla a un tubo exprimible de silicona tamaño viaje.

ACEITES ESENCIALES QUE NUTREN LA PIEL

SEMILLA DE ZANAHORIA: Antioxidante; renueva la piel rápidamente.

MANZANILLA: Trata el eccema, el acné, la rosácea y la inflamación.

SALVIA CLARA: Hace frente a los signos del envejecimiento y reduce la hinchazón.

CIPRÉS: Actúa como tensioactivo; cura los granos y las erupciones cutáneas.

FRANQUINCENA: Restaura la piel dañada, tonifica y reafirma.

GERANIO: Acondiciona y equilibra la producción de grasa; minimiza la aparición de arrugas.

LAVANDA: Aumenta la circulación y calma las irritaciones cutáneas.

MENTA PIPERITA: Suaviza, tonifica y calma la piel; remedia la dermatitis, la inflamación y la piel grasa.

ROMERO: Antiséptico, viene bien para la dermatitis, la piel grasa y el acné; favorece una piel tonificada.

ÁRBOL DEL TÉ: Antimicótico y antibacteriano; trata los cortes y las rozaduras, así como el acné y los granos.

CANANGA: Trata la piel grasa y propensa al acné; estimula el crecimiento celular.

LAVADO FACIAL A BASE DE HIERBAS

Una rutina natural de cuidado de la piel comienza con un buen limpiador facial. Este lavado combina agua infusionada con hierbas, jabón de Castilla y un aceite hidratante que contribuye a eliminar las impurezas, el maquillaje y el exceso de sebo, a la vez que calma las irritaciones de la piel y reduce las líneas de expresión y las arrugas. Además, siempre puedes personalizarlo añadiéndole aceites esenciales que se adapten a tu tipo de piel o a tus necesidades particulares. Al ser un limpiador, la mejor forma de usarlo es como primer paso de tu rutina de cuidado de la piel, para luego seguir con cualquier otro tratamiento que te apetezca utilizar, como un exfoliante o mascarilla, un tónico, un sérum o una loción hidratante.

INGREDIENTES

1 cucharada de caléndula seca

1 cucharada de manzanilla seca

1 cucharada de lavanda seca

1 taza de agua hirviendo

1 taza de jabón de Castilla líquido

1 cucharada de aceite de jojoba o de almendras dulces

5 gotas de aceite esencial (véase la página contigua)

INSTRUCCIONES

En un tarro de cristal de medio litro coloca las hierbas y vierte sobre ellas el agua hirviendo. Déjalo reposar de 30 a 45 minutos. Cuela las hierbas (y sepáralas para compostarlas) y luego mezcla el agua ya infusionada con el jabón de Castilla, el aceite hidratante y el aceite esencial. Pasa la mezcla a una botella de cristal de medio litro, ciérrala y mézclala bien.

MODO DE EMPLEO: Aplícate una pequeña cantidad de limpiador sobre el rostro húmedo y masajéate la piel con movimientos circulares, evitando la zona cercana a los ojos. Aclárate bien con agua templada.

CONSEJO: Para evitar la contaminación, infusiona las hierbas en agua destilada o guarda el limpiador facial final en la nevera.

EXFOLIANTE FACIAL DE AVENA

Si estás dando tus primeros pasos en elaborar productos para el cuidado de la piel, los exfoliantes faciales caseros son una estupenda puerta de entrada. Además de que resultan sencillos de preparar con ingredientes comunes y económicos, constituyen un paso importante en una rutina saludable de cuidado de la piel. Los exfoliantes faciales tienen la capacidad de eliminar las células muertas, suavizar la piel y reducir el aspecto de los poros, las líneas de expresión y las arrugas. Lo ideal sería usarlos de 1 a 3 veces semanales, tras limpiar el rostro y antes de que te apliques un tónico o una crema hidratante. Aunque pueden hacerse con una variedad de ingredientes como azúcar, sal y bicarbonato, yo prefiero elaborarlos con una base de avena, algo que lleva utilizándose desde hace miles de años para limpiar, exfoliar, cicatrizar e hidratar la piel. Resulta seguro para todo tipo de pieles y viene muy bien para calmar la piel sensible.

INGREDIENTES
(Para ½ taza de polvo para el exfoliante)

¼ de taza de copos de avena a la antigua

¼ de taza de almendras crudas

2 cucharadas de manzanilla seca o brotes de lavanda (opcional)

Aceite de jojoba o de almendras dulces

Aceite esencial de lavanda

INSTRUCCIONES

En un procesador de alimentos, tritura la avena, las almendras y las hierbas hasta que estas queden molidas muy finas. Pasa después el resultado por un tamiz de malla para eliminar los trozos grandes y guarda el polvo en un tarro de cristal cerrado con tapa hermética hasta que vayas a usarlo.

MODO DE EMPLEO: En un cuenco pequeño, mezcla bien 1 cucharada de jojoba y 1 gota de aceite esencial de lavanda. Añade 2 cucharadas del polvo al cuenco y mézclalo bien para crear una pasta espesa y que sea fácil de untar. Masajéate el rostro con la pasta realizando suaves movimientos circulares y enjuágate después con agua templada.

Imagen superior izquierda: Exfoliante facial de avena (en esta misma página); imagen superior derecha: Tónico facial de rosa y lavanda (véase la página 188); imagen inferior izquierda: Agua de la reina de Hungría (véase la página 189); imagen inferior derecha: Sérum facial rejuvenecedor (véase la página 190).

MASCARILLA FACIAL DE ARCILLA

Las mascarillas faciales de arcilla no solo ayudan a exfoliar la piel, sino que además limpian los poros, eliminan el exceso de grasa y reparan el tejido cutáneo dañado. La receta que te propongo lleva arcilla de bentonita, ingrediente que, al activarse con un líquido, actúa como un imán que se adhiere a los metales pesados de carga positiva, las bacterias y otras impurezas. Asimismo, este elemento mineraliza la piel infundiéndole calcio, magnesio, potasio y selenio. Esta mascarilla te irá mejor si te la aplicas una o dos veces a la semana, después de haber utilizado un limpiador o exfoliante facial y antes de usar un tónico.

INGREDIENTES

1 cucharada de arcilla de bentonita en polvo

1 cucharada de miel cruda

1 cucharada de vinagre de sidra de manzana, ya sea comprado o casero (véase la página 34), o agua de rosas, ya sea comprada o casera (véase la página 185)

2 gotas de aceite esencial de incienso, lavanda o árbol del té (opcional)

INSTRUCCIONES

En un cuenco pequeño mezcla bien todos los ingredientes hasta que formen una pasta.

MODO DE EMPLEO: Aplica la pasta de modo uniforme sobre el rostro realizando movimientos suaves y circulares, déjala actuar de 10 a 15 minutos y luego enjuágate con agua templada.

AGUA DE ROSAS CASERA

Utilizada desde hace miles de años, el agua de rosas pura se destila de los pétalos de esta flor, lo que le confiere tanto su agradable aroma como fines medicinales y gastronómicos. Como planta, la rosa es refrescante, calmante, antiinflamatoria y astringente. Como tónico cutáneo, cierra los poros, alisa las líneas de expresión, equilibra el pH de la piel y ralentiza el proceso de envejecimiento. Del mismo modo que otras aguas florales, el agua de rosas se usa en diversos productos de baño y belleza, como tónico facial, para aliviar los ojos cansados o hinchados, para ayudar a desmaquillar y como ingrediente de lociones, cremas, mascarillas faciales, enjuagues capilares, champús, espráis y perfumes. Y, si bien te resultará sencillo comprar agua de rosas, también puedes elaborarla de forma casera en caso de tener acceso a rosas frescas y ecológicas. Para recolectarlas, lo ideal es cortar los capullos de las flores recién abiertas a primera hora de la mañana, antes de que el sol haya tostado sus aceites. Si prefieres adquirir pétalos de rosa en algún comercio, busca unos ecológicos y así te asegurarás de que el producto final no lleve pesticidas.

INGREDIENTES Y MATERIALES

Anillo de metal grande para tarro de conservas

Recipiente pequeño apto para el calor (acero inoxidable o cristal)

De 6 a 8 tazas de rosas frescas ecológicas

Agua destilada

2 o 3 bandejas llenas de cubitos de hielo

Pipeta para salsas o cuchara grande para servir

INSTRUCCIONES

1. Coloca el anillo para el tarro de conservas en el centro de una olla. Sitúa el bol apto para el calor encima del anillo.

2. Esparce las rosas en la olla, alrededor del anillo para el tarro y del cuenco. Vete colocando las rosas en capas hasta que lleguen más o menos a la altura del fondo del bol. Vierte el agua destilada en la olla, a los lados del cuenco, de modo que los pétalos de rosa vayan quedando sumergidos. El nivel del agua ha de estar al menos unos 5 centímetros por debajo del borde del cuenco. Sitúa la tapa de la olla boca abajo, de forma que el asa del centro mire hacia el interior del cuenco.

continúa

Agua de rosas casera, continuación

3. Pon el fuego a potencia media-alta y lleva el agua a ebullición. Cuando esta empiece a hervir, baja a fuego lento y llena la tapa de la olla invertida con varios puñados de hielo. ¡Acabas de crear un alambique casero! A medida que vaya hirviendo el agua, el vapor ascenderá, golpeará la parte superior de la tapa de la olla, se condensará debido a la temperatura fría del hielo, fluirá hacia el centro de la tapa y caerá al interior del cuenco. Según se vaya derritiendo el hielo, utiliza una pipeta para salsas o una cuchara grande de servir para ir retirando el agua fría. Continúa extrayendo el agua y añadiendo hielo durante aproximadamente 20 minutos, o hasta que haya desaparecido la mayor parte del agua que rodeaba la base del cuenco. En ese momento, retira la olla del fuego y deja que esta se vaya templando a temperatura ambiente. Quita con cuidado la tapa y transfiere el agua de rosas del cazo a un tarro de cristal limpio. Ciérralo con una tapa hermética y guárdalo en un lugar fresco y oscuro, donde aguantará bien hasta 1 año.

NOTA: Puedes repetir este mismo procedimiento para hacer cualquier tipo de agua floral, como manzanilla, geranio, lavanda, melisa, hierbaluisa, romero, tomillo y menta piperita.

TÓNICO FACIAL DE ROSA Y LAVANDA

Siempre que los apliquemos después de limpiar y exfoliar, los tónicos faciales eliminan el exceso de grasa, hidratan la piel y cierran y tonifican los poros. Podemos elaborarlos con multitud de ingredientes: aguas florales, infusiones de hierbas, vinagre de sidra de manzana, extracto de hamamelis… o hasta vodka. A continuación te propongo una receta sencilla, muy suave y que puede elaborarse de múltiples formas creativas, variando las diferentes aguas florales o los aceites esenciales en función de tu tipo de piel o tus necesidades y preferencias. Podrás aplicarla antes del sérum y la crema hidratante, pero también a lo largo del día y así mantener hidratada la piel.

INGREDIENTES

¼ de taza de agua de rosas, ya sea comprada o casera (véase la página 185)

2 cucharadas de extracto de hamamelis

1 cucharada de gel de aloe vera

10 gotas de aceite esencial de lavanda

INSTRUCCIONES

En un bol mezcla bien todos los ingredientes. Después, valiéndote de un embudo, traslada el tónico a una botellita de cristal de unos 120 mililitros.

MODO DE EMPLEO: Agítalo bien antes de usarlo. Entonces, aplica el tónico en un paño limpio y reutilizable. Masajéalo sobre la piel realizando suaves movimientos circulares, asegurándote de evitar la zona cercana a los ojos. Deja que se seque al aire o ayuda a secarlo dándote unos leves toquecitos con un disco desmaquillante.

AGUA DE LA REINA DE HUNGRÍA

Aunque esta receta es algo más complicada que la anterior, merece la pena el esfuerzo añadido. Se dice que este antiguo remedio popular fue creado por un alquimista del siglo XIII con la intención de devolverle un aspecto juvenil a la envejecida reina Isabel de Hungría. La leyenda cuenta que el duque de Lituania, de veinticinco años, quedó tan prendado de ella que le propuso matrimonio a pesar de que ya había cumplido… ¡setenta años! Otras tradiciones la consideran inventada por los romaníes como antídoto para una amplia variedad de problemas cosméticos y medicinales. Sea cual fuere su verdadero origen, de lo que no queda duda es de que el agua de la reina de Hungría tiene una estupenda capacidad astringente sobre todo tipo de pieles. Y es que no solo tonifica y cierra los poros, además normaliza el pH de la piel y alivia las irritaciones cutáneas.

INGREDIENTES
(Para unas 4 tazas)

6 cucharadas de melisa seca

4 cucharadas de flores secas de lavanda

4 cucharadas de flores secas de manzanilla

4 cucharadas de pétalos de rosa secos

3 cucharadas de flores secas de caléndula

1 cucharada de hojas secas de romero

1 cucharada de hojas secas de menta piperita

1 cucharada de hojas secas de salvia

2½ tazas de vinagre de sidra de manzana, ya sea comprado o casero (véase la página 34)

2 tazas de agua de rosas, ya sea comprada o casera (véase la página 185), o extracto de hamamelis

5 gotas de aceite esencial de lavanda

INSTRUCCIONES

En un tarro de cristal limpio de litro mezcla las hierbas. Vierte sobre ellas el vinagre de sidra de manzana, asegurándote de que queden sumergidas. Sella el tarro y deja que se infusione de 4 a 6 semanas. Cuanto más tiempo la tengas así, más potente será. Cuela y transfiere el líquido a otro tarro de cristal limpio de litro. Para elaborar el tónico, mezcla 2 tazas de vinagre infusionado con hierbas con 2 tazas de agua de rosas o extracto de hamamelis y añade el aceite esencial. Guárdalo en un lugar fresco y oscuro, donde aguantará bien indefinidamente.

MODO DE EMPLEO: Agítalo bien antes de usarlo. Aplica el tónico en un paño limpio y reutilizable. Masajéalo sobre la piel con suaves movimientos circulares, evitando la zona cercana a los ojos. Deja que se seque al aire o ayúdate de un disco desmaquillante.

SÉRUM FACIAL REJUVENECEDOR

Los sérums faciales son hidratantes ligeros que contienen una gran concentración de ingredientes nutritivos. Como parte de una rutina natural de cuidado de la piel, lo ideal es aplicarlos una vez que hayamos limpiado y tonificado la piel y antes de hidratarla. Esta receta utiliza como aceite portador el de semilla de rosa mosqueta, que tiene la capacidad de penetrar de forma rápida en la piel, hidratarla y rellenarla, al tiempo que favorece la producción de colágeno y retrasa la aparición de líneas de expresión y arrugas. Además, lleva una combinación de aceites esenciales capaces de reparar y renovar la piel: la mirra combate los radicales libres y rebaja la inflamación celular; el helicriso reduce cicatrices, marcas de acné y manchas; el incienso promueve el crecimiento de nuevas células cutáneas y retrasa la aparición de líneas de expresión y arrugas, y el geranio contiene antioxidantes y ayuda a tratar eccemas, dermatitis y psoriasis.

INGREDIENTES

2 cucharadas soperas de aceite de semillas de rosa mosqueta

3 gotas de aceite esencial de mirra

3 gotas de aceite esencial de helicriso

3 gotas de aceite esencial de incienso

3 gotas de aceite esencial de geranio

INSTRUCCIONES

En un pequeño frasco de cristal, vierte el aceite de semillas de rosa mosqueta. Añade los aceites esenciales, tápalo e incorpora los ingredientes haciendo rodar el frasco con suavidad entre las palmas de las manos.

MODO DE EMPLEO: Aplícate una gota del tamaño de una moneda en el rostro y masajéate la piel con pequeños movimientos ascendentes y suaves.

MANTECA CORPORAL DE CALÉNDULA

Cuando llega el invierno y se me secan y agrietan las manos y los talones, me viene muy bien preparar esta manteca corporal con caléndula. Al contrario que las lociones y cremas, que contienen agua, las mantecas corporales nutren y protegen la piel sellando la humedad y creando una barrera física entre esta y los elementos. Ese es el motivo por el que las mantecas corporales son más adecuadas para las pieles secas, que necesitan una especial protección contra el aire frío y un nivel bajo de humedad.

INGREDIENTES

¼ de taza de flores secas de caléndula

⅓ de taza de aceite de coco fraccionado derretido

⅓ de taza de aceite de pepita de uva

½ taza de manteca de cacao

2 cucharadas de manteca de karité

10 gotas de aceite esencial de lavanda

INSTRUCCIONES

1. En un tarro de cristal limpio de medio litro, echa las flores de caléndula para preparar una infusión de hierbas. Vierte los aceites de coco y de pepita de uva, asegurándote de que las flores quedan sumergidas al menos 2,5 centímetros. Remuévelo todo bien, tápalo con un cierre hermético y colócalo en un lugar soleado para que infusione de 4 a 6 semanas. En principio, cuanto más tiempo lo tengas así, más potente será. Cuela las hierbas, separando los restos para compostarlos, y traslada el aceite de caléndula a un tarro de cristal limpio. Deberías tener aproximadamente ½ taza.

2. Vierte 5 centímetros de agua en una cazuela para hacer un baño maría (véase la página 127 si necesitas saber cómo) y ponla a hervir a fuego medio. Mezcla el aceite de caléndula infusionado (si tienes menos de ½ taza, añádele más aceite de pepita de uva), la manteca de cacao y la manteca de karité en el recipiente superior y caliéntalo al baño maría hasta que las mantecas se hayan derretido. Vierte la mezcla en un cuenco pequeño. Añade el aceite esencial, mezcla bien y mete el cuenco en la nevera unas horas para que se solidifique.

3. Una vez esté sólida la mezcla, pásala al bol de una batidora de mesa y bate a velocidad alta hasta que tenga la consistencia de una mantequilla cremosa y esponjosa. Deja la manteca corporal en la nevera de 10 a 15 minutos y luego viértela con una cuchara en tarros de cristal de cierre hermético. Guárdala en un lugar fresco y oscuro, donde aguantará bien hasta 1 año.

BARRITAS DE LOCIÓN DE LIMÓN Y ROMERO

Las barritas de loción son una divertida receta casera que recuerdan un poco a una pastilla de jabón, pero que por lo demás se usan igual que una crema hidratante. A pesar de que a temperatura ambiente son sólidas, se derretirán en cuanto las frotes un poco contra la piel. A diferencia de las lociones líquidas, estas barritas son mucho más prácticas. Cuando tienes que prepararlas, te ahorras el complejo paso de emulsionar aceites y agua, y, a la hora de usarlas, son limpias, compactas y portátiles. Yo suelo meter una barrita en un recipiente de hojalata y llevármela a todos lados, incluso al control de seguridad del aeropuerto, donde me han hecho dejar la loción líquida en más ocasiones de las que a mi organizado marido le gustaría. Además, si las envuelves en un retal de tela y las anudas con un cordel, será un regalo precioso para amigos, vecinos, familiares y profesores.

INGREDIENTES

5 cucharadas de cera de abeja rallada o 3 cucharadas de cera de candelilla rallada

3 cucharadas de manteca de cacao

3 cucharadas de manteca de karité o de mango

5 cucharadas de aceite de almendras dulces

10 gotas de aceite esencial de limón

5 gotas de aceite esencial de romero

INSTRUCCIONES

Vierte 5 centímetros de agua en una cazuela para hacer un baño maría (véase la página 127 si necesitas saber cómo) y ponla a hervir a fuego medio. Combina la cera y la manteca de cacao en el recipiente superior y caliéntalas al baño maría hasta que se hayan derretido. Añade la manteca de karité y el aceite de almendras y mezcla con un palito de madera. En ese momento, retira el cazo del fuego y añade los aceites esenciales. Vierte con cuidado la mezcla en moldes de jabón de silicona y deja que se endurezca a temperatura ambiente. Una vez se hayan vuelto sólidas, saca las barritas de loción de los moldes y guárdalas en recipientes de hojalata o tarros de cristal a temperatura ambiente.

MODO DE EMPLEO: Frota la barrita de loción en las zonas que notes más secas, como codos, manos, pies, talones o rodillas, y masajea la piel hasta que se absorba.

CONSEJO DE SEGURIDAD: El aceite esencial de romero no debe utilizarse en niños menores de diez años. Si tu idea era utilizar estas barritas en niños, prescinde de ese ingrediente y usa solo aceite esencial de limón.

CREMA CORPORAL DE ROSA

En caso de que las mantecas corporales y las barritas de loción te resulten demasiado espesas o grasas, o de que no tengas que tratar o curar una piel excesivamente seca, tal vez prefieras elaborar y utilizar una crema. Como ocurre también con las lociones líquidas, las cremas tienden a ser más ligeras, menos grasas y de más fácil absorción que las mantecas corporales. Lo que distingue a las mantecas de las cremas es que las primeras son una combinación de mantecas naturales y aceites portadores, mientras que las cremas (al igual que las lociones) tienen como base una emulsión de agua y aceite. Precisamente gracias a su alto porcentaje de agua, las cremas tienen la capacidad de rehidratar la piel enseguida, aunque también el inconveniente de que pueden desarrollar moho. Para que no te suceda esto, mi recomendación es que utilices agua destilada en lugar de agua del grifo y que elabores cantidades pequeñas que sepas que vas a usar pronto. Otra alternativa para proteger la crema es guardarla en la nevera. Esta sencilla receta para principiantes está inspirada en la técnica de la herborista Rosemary Gladstar.

INGREDIENTES

2/3 de taza de agua de rosas, ya sea comprada o casera (véase la página 185), o agua destilada

1/3 de taza de gel de aloe vera

De 2 a 10 gotas de aceite esencial (lavanda, rosa, manzanilla romana y sándalo son opciones estupendas)

1 cucharadita de aceite de vitamina E

1/4 de taza de aceite de pepita de uva

1/2 taza de aceite de almendras dulces

1/3 de taza de manteca de karité

1 cucharada de cera de abeja rallada

INSTRUCCIONES

1. En un bol pequeño, mezcla el agua de rosas, el gel de aloe vera, el aceite esencial y el aceite de vitamina E y bátelos. Estos serán tus ingredientes a base de agua.

2. Vierte 5 centímetros de agua en una cazuela para hacer un baño maría (véase la página 127 si necesitas saber cómo) y ponla a hervir a fuego medio. En el recipiente superior, mezcla el aceite de pepita de uva, el de almendras dulces, la manteca de karité y la cera de abeja (tus ingredientes a base de aceite) y caliéntalos al baño maría hasta que se hayan derretido. Mezcla bien y retira el recipiente superior del baño maría. Traslada a un cuenco grande y remueve con frecuencia hasta que quede a temperatura ambiente. Debería volverse espesa, cremosa y semisólida.

3. Pasa la mezcla a base de aceite a una batidora y tritúrala al máximo. Vete añadiendo poco a poco, pero de forma constante, los ingredientes a base de agua a través del orificio de la tapa de la batidora, permitiendo así que las moléculas de agua se emulsionen con los aceites. Lentamente, la loción irá espesándose. Cuando la batidora empiece a hacer borbotones y ahogarse, y la crema vaya teniendo la apariencia del glaseado de crema de mantequilla, apaga la batidora. Puedes ir vertiendo algo más de agua (aunque quizá no te haga falta toda), poco a poco, revolviéndola a mano con una cuchara, pero ten cuidado de no batirla demasiado: a medida que se vaya enfriando, la crema se espesará por sí misma. Una vez ya fría, vierte la crema con una cuchara en tarros de cristal y guárdala en un lugar fresco o en la nevera, donde aguantará bien hasta 3 meses.

ENJUAGUE CAPILAR DE HIERBAS

En caso de que no estés familiarizado con los beneficios del vinagre de sidra de manzana como enjuague capilar…, ¡enhorabuena! Vas a descubrir un auténtico placer. No solo sustituirá todos esos productos capilares que acumulas, sino que te ayudará a equilibrar el pH del cabello, limpiar el cuero cabelludo, estimular la circulación, acondicionar el cabello, tratar su caída y aliviar la sequedad, los picores y la caspa en caso de que los sufras. Al infusionar el vinagre con hierbas le añadimos otros muchos beneficios, desde fortalecer el cabello hasta favorecer su crecimiento o combatir la caspa. En ese caso, lo ideal es utilizar hierbas frescas, pero las secas servirán también. Si el olor del vinagre te resulta demasiado fuerte, añade tu aceite esencial favorito para enmascararlo.

INGREDIENTES

2 o 3 puñados pequeños de hierbas frescas o secas (véase la página contigua)

2 tazas de vinagre de sidra de manzana, ya sea comprado o casero (véase la página 34)

De 5 a 10 gotas de aceite esencial (opcional)

INSTRUCCIONES

En un tarro de cristal de litro echa las hierbas y vierte el vinagre de sidra de manzana, asegurándote de que queden sumergidas. Tapa el tarro, colocando un trozo de papel de horno compostable entre el cristal y la tapa para evitar la corrosión. Pósalo en un lugar cálido y déjalo infusionando de 4 a 6 semanas Cuanto más tiempo lo tengas así, más potente será el enjuague. Una vez listo, cuélalo y separa las hierbas para compostarlas, añade el aceite esencial (en caso de que lo utilices) y traslada el vinagre a un tarro de cristal limpio. Si bien el vinagre se conservará indefinidamente, tendrás que preparar el enjuague antes de cada lavado.

MODO DE EMPLEO: Prepara el enjuague capilar diluyendo el vinagre con agua. En función de la longitud de tu cabello, puedes empezar con una base de entre ½ y 1½ tazas de vinagre concentrado. Además, para el cabello graso, diluye 1 parte de vinagre con 4 de agua; para el cabello normal, diluye 1 parte de vinagre con 5 de agua; para el cabello seco, diluye 1 parte de vinagre con 6 de agua (seguramente tendrás que probar un poco con estas proporciones hasta que des con la cantidad que le venga mejor a tu tipo de cabello). Una vez diluido el enjuague, trasládalo a un frasco o botella con pulverizador. Lávate el pelo como de costumbre, después echa la cabeza hacia atrás y rocíate o empápate el pelo con el enjuague. Procura evitar la zona cercana a los ojos. Masajea el cuero cabelludo y el pelo con el enjuague, déjalo actuar unos minutos y acláralo con agua.

HIERBAS PARA EL ENJUAGUE CAPILAR

ALBAHACA: Ayuda al organismo a eliminar toxinas y metales pesados; favorece el crecimiento del cabello.

AVENA VERDE: Rica en sílice y vitaminas A, C y E.

FLORES DE CALÉNDULA: Ayudan a calmar los problemas del cuero cabelludo; realzan el cabello rubio.

MANZANILLA: Calma el cuero cabelludo; realza el cabello rubio.

CONSUELDA: Hidrata el cuero cabelludo y el cabello cuando están secos.

COLA DE CABALLO: Rica en sílice; fortalece el cabello y favorece su crecimiento.

LAVANDA: Aumenta la circulación y favorece el crecimiento del cabello; calma la inflamación y alivia las irritaciones del cuero cabelludo.

ORTIGA: Rica en vitaminas y minerales, nutre el cuero cabelludo y estimula el crecimiento del cabello.

PEREJIL: Alto contenido en hierro y vitamina C; fortalece el cabello.

MENTA PIPERITA: Antibacteriana, antifúngica, estimula el crecimiento del cabello y alivia los problemas del cuero cabelludo.

ROMERO: Fomenta la circulación del cuero cabelludo y favorece el crecimiento del cabello; lo fortalece y combate la caspa.

COMBINACIONES DE INFUSIONES PARA EL BAÑO

CALÉNDULA Y MANZANILLA: Reduce el estrés y suaviza y calma la piel.

MANZANILLA, BÁLSAMO DE LIMÓN Y LÚPULO: Alivia el estrés e induce un sueño reparador.

MANZANILLA, ROMERO Y EUCALIPTO: Favorece la relajación y alivia los síntomas del resfriado y la gripe.

EUCALIPTO, PIMIENTA Y TOMILLO: Refresca, revitaliza y alivia la congestión y el dolor muscular.

LÚPULO E HISOPO: Provoca un sueño reparador.

LAVANDA, MANZANILLA Y MENTA PIPERITA: Calma el estrés y rejuvenece la mente.

LAVANDA Y PÉTALOS DE ROSA: Favorece la relajación.

MENTA PIPERITA Y ROMERO: Alivia la fatiga de la mente y el cuerpo.

BÁLSAMO DE SALVIA Y LIMÓN: Ayuda a despejar la cabeza.

INFUSIÓN DE HIERBAS PARA EL BAÑO

Los baños de hierbas te ofrecen la posibilidad de relajarte y reducir el ritmo al tiempo que disfrutas de las propiedades medicinales de las hierbas. Sabemos que los baños de hierbas se vienen preparando desde el año 1500 a. C. en la India, y también que los antiguos egipcios, babilonios, asirios y hebreos los usaban con fines tanto higiénicos como médicos. Hipócrates llegó a desarrollar un método para tratar las enfermedades mediante el uso del agua, que se popularizó primero en toda Grecia y, más tarde, en Roma, donde la gente se reunía con frecuencia en casas de baños para recibir masajes en el agua y que se le aplicaran terapias aromáticas. Aún hoy, muchos médicos y otros profesionales de la salud siguen recomendando los baños de hierbas para aliviar la tensión, calmar el dolor muscular y estimular la circulación, ya que un buen baño de este tipo reúne los beneficios del agua caliente y las propiedades medicinales de las hierbas al ser estas absorbidas lentamente por la piel. En función de tus necesidades particulares, puedes personalizar como quieras el baño de hierbas. Según cuáles utilices, tu baño podrá ser relajante o estimulante.

INGREDIENTES

¼ de taza de hierbas secas (véase la página contigua)

INSTRUCCIONES

Mete las hierbas secas en una bolsita de muselina. En caso de que no dispongas de una, ponlas en un trozo de estopilla o tela de algodón y sujeta las esquinas de la tela con una goma elástica o un trozo de cordel. Un calcetín de algodón limpio también puede servirte.

MODO DE EMPLEO: Engancha o ata la bolsita de hierbas bajo el grifo de la bañera de modo que el agua corra a través de las hierbas según se vaya llenando la bañera. Una vez que la hayas llenado, retira la bolsita y déjala flotar en el agua de la bañera. Cada cierto tiempo, aprieta la bolsa para que se vayan soltando las esencias botánicas. Métete en la bañera de 15 a 20 minutos. Una vez finalizado el baño, separa las hierbas para compostarlas, enjuaga la bolsa y sécala con un paño para que puedas utilizarla de nuevo.

BOMBAS DE BAÑO

Hubo una época al principio de mi maternidad en la que la única manera que tenía de convencer a mis hijos pequeños para que se bañaran era ofrecerles una bomba de baño. Los hipnotizaba, haciendo balancear una delante de sus ojos, y caminaba lentamente hacia el cuarto de baño, conduciéndolos a una bañera llena de agua caliente. Según dejaba caer la bolita dentro, los veía saltar detrás de ella al tiempo que esta chisporroteaba y reventaba en el agua. Y, por si la higiene en sí no fuera suficiente logro, al estar hechas con sales de Epsom y aceites esenciales calmantes, aquellas pequeñas bombas de baño desempeñaban un papel fundamental a la hora de tranquilizar a mis hijos y prepararlos para irse a la cama. Debí de comprar al menos unas veinte bombas de baño comerciales antes de intentar hacer unas caseras. Resultó ser un proyecto complicado —arruiné al menos tres tandas y estuve al borde de tirar la toalla—, pero al final descubrí una receta que funciona y me encanta poder compartirla contigo. Te harán falta unos moldes redondos de metal para bombas de baño y, en función de cuántos tengas, puede que te toque moldear las bombas de baño por tandas. En nuestra familia, estas bombas de baño son un objeto de primera necesidad y acabamos colándolas también en casi todas las cestas de regalo que preparo para amigos, familiares, vecinos y profesores. Si te hiciera ilusión regalarlas, una forma estupenda de envolverlas generando pocos residuos es hacerlo con restos de tela atados con hilo o cordel.

INGREDIENTES
(Para unas 6 bombas de baño medianas)

1 taza de bicarbonato sódico

½ taza de maicena o arrurruz en polvo

½ taza de ácido cítrico alimentario

½ taza de sales de Epsom

1¼ cucharaditas de aceite de coco derretido

De 1 a 1½ cucharaditas de agua filtrada

De 12 a 15 gotas de aceite esencial de lavanda

continúa

Bombas de baño, continuación

INSTRUCCIONES

1. En un bol mediano, mezcla el bicarbonato sódico, la maicena, el ácido cítrico y las sales de Epsom. Bate bien para que no queden grumos. En otro, mezcla el aceite de coco, el agua filtrada y el aceite esencial. Vete añadiendo poco a poco los ingredientes húmedos a los secos sin dejar nunca de remover. Si la mezcla comienza a hacer burbujas, relaja un poco la velocidad. Una forma de comprobar si la mezcla está lista para los moldes es apretar un poco en la palma de la mano: en caso de que se te quede pegada, está lista; si todavía está seca y pulverulenta, le hace falta más agua. Vete incorporándosela a razón de 1 o 2 gotas cada vez y sigue probando.

2. Toma un molde de bomba de baño y vierte en él la mezcla. Apriétala bien hasta que rebose un poco. Repite el procedimiento con la otra mitad del molde y presiona los dos juntos. Retira con cuidado una mitad del molde tirando de ella hacia arriba mientras la retuerces ligeramente de un lado a otro. Coloca la bomba de baño en una bandeja, apoyada sobre la otra mitad del molde. Deja que la bomba de baño se seque durante 1 o 2 horas.

3. Saca con suavidad la bomba de baño de la otra mitad del molde. La mejor manera de hacerlo es girar la bomba para que el molde quede en la parte superior. En caso de que se te desmoronara al tratar de sacarla, vuelve a introducirla en el molde y déjala secarse durante más tiempo. Si se deshiciera entera, me temo que te tocaría comenzar de nuevo el proceso. Seguramente te hará falta algo de práctica para sacar la bomba de baño del molde. Una vez desmoldada, déjala secar al aire completamente durante unas 8 o 10 horas. Cuando estén secas, guarda las bombas de baño en un tarro de cristal limpio con tapa hermética.

SALES DE BAÑO DE HIERBAS RELAJANTES

Las sales de baño llevan usándose desde hace siglos para relajar los músculos magullados, reducir la inflamación, desintoxicar el cuerpo, calmar la mente e hidratar y aliviar la piel seca. En caso de que te apetezca un simple baño de sales, no necesitas más que una taza de sales de Epsom y de 5 a 10 gotas de aceites esenciales. Pero si lo que buscas es una experiencia algo más lujosa, o una bonita idea para regalar, esta receta de sales de baño de hierbas es sencillamente insuperable. En lo personal, me gusta añadir flores secas de mi jardín o de mi botiquín del bienestar, tanto por su fragancia como por su estética. Mis preferidas son la caléndula, la manzanilla, la lavanda y la rosa. Si te da pereza ponerte a limpiar los pétalos de las flores, puedes excluirlos de la receta por completo o añadirlos por separado en una bolsa de muselina para que se impregnen en el agua de la bañera.

INGREDIENTES

2 cucharadas de aceite de almendras dulces o de jojoba

5 gotas de aceite esencial de lavanda

5 gotas de aceite esencial de cedro

2½ tazas de sales de Epsom

1½ tazas de sal rosa del Himalaya

½ taza de bicarbonato sódico

½ taza de flores secas (opcional)

INSTRUCCIONES

Combina el aceite de almendras dulces y los aceites esenciales en un bol pequeño y mézclalos bien. Pon las sales, el bicarbonato y las flores secas (en caso de que las utilices) en un bol grande, añade los aceites y vuelve a mezclar. Pasa la mezcla a un tarro grande de cristal con tapa hermética.

MODO DE EMPLEO: Añade de 1 a 1½ tazas de sales de baño a un baño caliente. Remueve el agua con la mano hasta que las sales se hayan disuelto por completo. Sumérgete en el baño de 20 a 30 minutos.

BAÑO PARA LOS PIES DE MENTA Y CÍTRICOS

Poner los pies a remojo es una de mis formas preferidas de mimarme al acabar el día. Aunque a la hora de elegir hierbas y aceites existen múltiples posibilidades, mi receta favorita combina cítricos y aceite esencial de menta piperita. Es una mezcla refrescante y estimulante, que además está repleta de aceites aromáticos y propiedades antimicrobianas que ayudan a desinfectar y desodorizar los pies.

INGREDIENTES

2 cucharadas de aceite de almendras dulces

5 gotas de aceite esencial de menta piperita

5 gotas de aceite esencial de árbol del té

4 litros de agua caliente (a temperatura de baño)

1/4 de taza de bicarbonato sódico

2 o 3 cítricos (naranja, limón o lima) en rodajas

INSTRUCCIONES

Combina el aceite de almendras dulces y los aceites esenciales en un bol pequeño y mézclalos bien. Vierte el agua caliente en un barreño grande. Añade el bicarbonato sódico al barreño y remueve bien para disolverlo en el agua. Incorpora los aceites y los cítricos

MODO DE EMPLEO: Siéntate, abre un libro, escucha música relajante y pon los pies en remojo de 10 a 15 minutos.

ACEITE DE MASAJE DE HIERBAS

El masaje es una de las mejores maneras de relajar la mente, el cuerpo y el espíritu. Si además lo combinamos con productos botánicos relajantes, la experiencia se vuelve todavía más terapéutica. Aunque puedes hacer aceites de masaje de forma rápida utilizando aceites esenciales, yo prefiero elaborarlos a la antigua usanza con hierbas secas. Como siempre, si no dispones de todas las hierbas que incluye esta receta, puedes omitir las que no tengas y duplicar las demás.

INGREDIENTES

2 cucharadas de caléndula seca

2 cucharadas de manzanilla seca

2 cucharadas de lavanda seca

2 cucharadas de rosas secas

¾ de taza de aceite de almendras dulces

De 5 a 10 gotas de aceite esencial de lavanda

INSTRUCCIONES

En un tarro de cristal limpio de medio litro mezcla las hierbas. Vierte sobre ellas el aceite de almendras, asegurándote de que las hierbas queden sumergidas al menos 2,5 centímetros. Remuévelo todo bien para mezclarlas y ciérralo con una tapa hermética. Coloca el tarro en un lugar fresco y oscuro para que infusione de 4 a 6 semanas. En principio, cuanto más tiempo lo tengas así, más potente será. Cuela las hierbas para compostarlas, añade el aceite esencial y guárdalo en un tarro de cristal limpio con tapa hermética.

COLORETE VEGETAL

Si te interesa aprender a elaborar maquillaje vegetal, el colorete es una forma sencilla y divertida para estrenarte. Te recomendaría empezar con ½ cucharadita de arrurruz en polvo como base y añadir luego ¼ de cucharadita de cada componente vegetal cada vez. La receta a continuación es la fórmula que suelo usar, pero puedes experimentar con distintas combinaciones de colores hasta que des con una que se adapte a tu estado de ánimo y tono de piel. En cuanto a plantas y colores, mis favoritas son la raíz del traidor (para el magenta), la remolacha (para el burdeos), la canela (para el marrón), el cacao en polvo (para el marrón), el jengibre (para el amarillo), el hibisco (para el rosa), la raíz de rubia (para el rojo óxido), los pétalos de rosa (para el rojo o rosa) y la cúrcuma (para el naranja intenso). Si bien podrás encontrar sin problema la mayoría de estos polvos en internet o en una tienda de alimentación normal o natural, también puedes elaborarlos en casa. Para ello, tendrás que deshidratar la parte de la planta que desees utilizar y triturarla en una batidora de alta velocidad hasta que quede reducida a polvo. Yo ya lo he hecho con algunas plantas y me pareció un proceso divertido, ¡pero también resulta cómodo adquirirlas ya molidas por internet!

INGREDIENTES

1 cucharadita de arrurruz en polvo

1 cucharadita de polvo de hibisco

½ cucharadita de cacao en polvo sin azúcar

INSTRUCCIONES

Combina los ingredientes, mézclalos bien y guárdalos en un tarro de cristal pequeño o en una lata metálica, donde aguantarán bien hasta 1 año.

MODO DE EMPLEO: Aplícalo con una brocha para colorete.

DESMAQUILLANTE FÁCIL

Este desmaquillante de dos ingredientes cumple su cometido con suavidad y sin químicos sintéticos, fragancias ni otros ingredientes agresivos. En un tarrito de cristal de 60 mililitros, combina 2 cucharadas de aceite de jojoba y 2 cucharadas de extracto de hamamelis. Tápalo y agítalo bien antes de cada uso.

MODO DE EMPLEO: Pon unas gotas en los dedos o en un disco facial reutilizable y aplícalo suavemente sobre la piel para desmaquillarla.

COCINA
DEL HUERTO

Al recordar a mis abuelos, lo primero que me viene a la mente son las frutas, las verduras y las hierbas frescas de su huerto. En verano, casi no habíamos salido del coche y mi abuelo ya nos había ofrecido ir a recolectar una sandía. Estaba orgullosísimo de sus tomates reliquia y todo el mundo sabía que le encantaba compartirlos con sus amigos y vecinos. Por si esto no fuera suficiente, mi abuela preparaba todos los domingos la comida para la familia entera —tíos, primos y demás parientes— con platos que elaboraba a partir de los ingredientes que ellos cosechaban.

Así que supongo que no te extrañará que, ya de adulta, entre mis recuerdos más felices sigan estando las horas trabajadas en un huerto. Incluso en las épocas en las que no he dispuesto de espacio o tiempo para cultivar uno grande, nunca he dejado de tener unas cuantas macetas de hierbas o arriates elevados, en ocasiones sin mucho más que un puñado de plantas de tomates cherri y albahaca. Cuando pasé dos años en Guinea, disfruté de mi primer huerto a gran escala. Tras un primer año subsistiendo a base de yuca, arroz y leche cruda, decidí montar un huerto de dieciséis arriates para cultivar en él alimentos que no se encontraban disponibles en mi comunidad. Me supuso un esfuerzo enorme, especialmente porque allí no había agua corriente y tenía que extraer hasta la última gota necesaria de un pozo de siete metros de profundidad. Por fortuna, disponía del tiempo y de la motivación para ello. Y la verdad es que el hecho de ser joven y enérgica también me vino muy bien. Cultivé zanahorias, pimientos, cebollas, ajos, verduras, maíz, calabazas y tubérculos. Esa temporada no solo comí bien, sino que además aprendí la alegría de compartir la comida. Cada vez que alguien visitaba mi huerto, me aseguraba de que volviera a su casa con ingredientes suficientes para preparar una ensalada. Cuando menos, era alegre y gratificante.

Por todo ello, cuando mi familia se instaló hace algunos años en Chicago en la que ya sería nuestra casa definitiva, por fin pude montar el huerto con el que siempre había soñado. Y, si bien no es tan grande como el que tenía en Guinea, cubre nuestras necesidades. Lo que lo hace especial es que lo instalamos a menos de diez pasos de nuestra puerta trasera. Y que es un huerto de verdad, del que puedo coger verduras, hierbas y flores de forma tan sencilla como si estas se encontraran en la nevera o en la despensa.

Seguramente no me hará falta decir que mi huerto se ha convertido en la herramienta definitiva para crear un hogar sencillo, natural y en el que se generan pocos residuos. A fin de cuentas, ¿qué hay más natural, sencillo y sin residuos que obtener la comida de tu propio huerto? Es la mejor forma de cultivar nuestros productos sin químicos ni pesticidas y, por supuesto, sin envases. Y, lo que es más importante, así cerramos el círculo del hogar natural. Imagina lo completo que resulta cultivar tus propias hierbas y luego utilizarlas para hacer tu comida, así como tus medicinas y productos para el baño y el cuerpo. En esta sección, te ofrezco algunas de mis formas favoritas (al menos de mis preferidas hasta ahora..., ¡nunca dejo de experimentar y aprender!) de utilizar las verduras y las hierbas de mi huerto, además de algunos consejos para convertirlo en un espacio resistente, robusto, diverso y alegre. Y en el que también hay espacio para todos, pues unas cuantas de estas actividades y recetas son muy divertidas para hacer con niños. En casa, mi hija prácticamente se ha hecho cargo del mío, incluido el cultivo y la recolección de verduras, la conservación de semillas, la alimentación de los pájaros y el sembrado de plantas perennes para los insectos beneficiosos, los pájaros y las mariposas.

SEMILLEROS DE PAPEL DE PERIÓDICO

Estos semilleros de papel de periódico son una agradable sorpresa para el jardinero que no quiere desperdiciar nada. Resultan fáciles de elaborar y asequibles, basta con unos periódicos que saques del contenedor de reciclaje, y, a diferencia de sus homólogos de plástico o las macetas, son totalmente biodegradables.

MATERIALES

1 hoja de periódico
Lata o bote de especias de 180 mililitros
Tierra de siembra
Semillas de tu elección
Bandeja impermeable

INSTRUCCIONES
(Para 3 macetas)

1. Dobla el periódico por la mitad en sentido transversal, de forma que tengas una pila de 2 capas. Córtalo en tercios a lo largo para crear 3 tiras, cada una de las cuales tendrá 2 capas.

2. Coloca la lata de lado sobre el papel de periódico, dejando un margen de 2 a 5 centímetros de papel más allá de la parte inferior de la lata.

3. Enrolla con firmeza el periódico alrededor de la lata hasta que llegues al extremo del papel.

4. Al tiempo que sujetas el borde del periódico con una mano, utiliza la otra para doblar el extremo hacia abajo sobre la lata, rodeando esta hasta que todos los bordes se encuentren doblados hacia abajo. Dale la vuelta al bote y presiónalo contra una mesa para que los pliegues de la parte inferior queden bien apretados.

5. Desliza la lata fuera del bote de papel de periódico. Que no te asuste que la maceta parezca algo endeble; resistirá de forma sorprendente una vez la llenemos de tierra y agua. Repite la misma operación con las otras 2 tiras de papel de periódico.

6. Llena estas macetas de papel de periódico con tierra, planta las semillas y guárdalas en una bandeja impermeable hasta que estén listas para que las trasplantes al huerto. Riega las semillas a diario.

7. Cuando los plantones estén listos para el trasplante, traslada a la tierra la maceta entera.

CONCEPTOS BÁSICOS PARA COMPOSTAR EN TU JARDÍN

Según los datos publicados por la Agencia de Protección del Medio Ambiente de Estados Unidos, el 30% de lo que tiran a la basura los estadounidenses está formado por restos de comida y de jardín. Y, si bien hay restos de comida que son inevitables, en realidad no tendrían por qué ser desechos si sigues el ejemplo de la naturaleza y los reciclas para devolvérselos a la tierra. Después de todo, en la naturaleza no se desperdicia nada. En cuanto una hoja cae de un árbol, comienza el proceso de descomposición hasta convertirse en la tierra que nutre al mismo árbol del que cayó. Este ciclo natural podemos recrearlo en nuestras propias vidas compostando los restos de comida, los materiales biodegradables y los residuos del jardín.

Así que, una vez que ya has puesto en marcha una cocina baja en residuos y en cualquier caso estás recogiendo restos de comida, bien puedes compostarlos y de esta forma obtener algo de «oro negro» para el jardín. A continuación te detallo ocho pasos mediante los que podrás crear un sistema de compostaje en el jardín.

ELIGE UN CUBO DE COMPOSTAJE O CREA UN MONTÓN. Te servirán tanto un cubo de compostaje como una pila abierta. Los cubos siempre tienen la ventaja de que las cosas quedan contenidas en su interior y ordenadas, además de que mantienen alejados a los roedores y otros bichos. Puedes tanto comprar un cubo como hacerlo de modo casero.

ELIGE UN LUGAR PARA EL COMPOST. Lo ideal es que sea un sitio llano, bien drenado y de fácil acceso. En climas fríos, coloca el compost en un lugar soleado y protegido de los vientos helados. En climas cálidos y secos, coloca el cubo o la pila en un lugar más sombreado para evitar que se seque en exceso.

ENTIENDE EL CONCEPTO DE MARRONES Y VERDES. En cualquier pila de compost existen dos tipos de ingredientes principales: los ricos en carbono y los ricos en nitrógeno. En el grupo del carbono, o materiales «marrones», están comprendidos hojas, heno, papel, cartón, serrín, cáscaras de frutos secos y virutas de madera. En el grupo del nitrógeno, o materiales «verdes», quedan incluidos los restos de fruta y verdura, recortes de hierba recién cortada, posos de café, hierbas frescas y cáscaras de huevo. El arte del compostaje se basa en ser capaz de mantener un buen equilibrio entre los dos grupos.

CREA UN SISTEMA PARA RECOGER LOS RESTOS DE LA COCINA. Puede tratarse de un cubo de compostaje, una vieja olla de cocción lenta con tapa o un cuenco grande que guardes en el congelador para evitar que los alimentos se pudran y huelan dentro de casa. Consulta en la página 217 la lista de alimentos y materiales que se pueden o no compostar.

RECOGE Y ALMACENA MATERIALES MARRONES (RICOS EN CARBONO). Tendrás que crear un sistema de recogida y almacenamiento de estos materiales a fin de mantenerlos secos. Una idea es utilizar una bolsa de papel marrón para residuos de jardín y dejarla en un cobertizo o en el garaje, o en un cubo de basura de aluminio con tapa que esté situado cerca de la pila de compost.

ALTERNA LAS CAPAS PARA LOGRAR UNA RELACIÓN SALUDABLE ENTRE CARBONO Y NITRÓGENO. En tu pila de compost, puedes crear capas, empezando por una de 10 centímetros formada por ramitas, heno o paja que permita una buena circulación del aire, seguida de una capa de hojas secas y otra de compost terminado. En caso de que aún estés dando tus primeros pasos y todavía no dispongas de compost casero, siempre puedes comprarlo en una tienda de jardinería. A continuación, alterna entre capas de material verde (rico en nitrógeno) y material marrón (rico en carbono). Es importante lograr una proporción saludable entre carbono y nitrógeno, porque esto acelerará el proceso de descomposición. Como regla general, suele ser bueno añadir 4 veces más ingredientes ricos en carbono que en nitrógeno (me refiero al volumen, no al peso).

MANTÉN TU PILA O CUBO DE COMPOSTAJE. Si bien el compost se irá deshaciendo por sí mismo, realizar tareas de mantenimiento contribuye en gran medida a acelerar este proceso. Por ejemplo, cuando añadas materiales frescos, asegúrate de mezclarlos con las capas inferiores. Es importante también que vigiles que el compost mantiene siempre la consistencia de una esponja escurrida; esto es, húmedo pero no excesivamente empapado. Si estuviera demasiado húmedo, añádele materiales marrones; si lo encontraras demasiado seco, incorpórale materiales verdes o agua. Un último consejo: valiéndote de una pala o una horca, mezcla o remueve el compost una vez a la semana a fin de que le entre oxígeno y se eliminen los malos olores.

UTILIZA TU COMPOST TERMINADO. Producir compost puede llevarte entre 2 semanas y 12 meses. Reconocerás que se encuentra listo cuando esté oscuro y desmenuzable y desprenda un agradable olor a tierra. A partir de entonces, podrás utilizarlo como tierra para macetas de plantas de interior, enmienda del suelo para hortalizas y flores de jardín, mantillo alrededor de árboles y arbustos, abono para el césped y «té» de compost, un rico fertilizante líquido que podrás preparar remojando en agua el compost.

MATERIALES QUE SE PUEDEN COMPOSTAR

Frutas y verduras
Cáscaras de huevo
Granos y filtros de café
Bolsas de té
Cáscaras de frutos secos
Periódico triturado
Cartón
Papel
Recortes de jardín
Recortes de hierba
Plantas de interior
Heno y paja
Hojas
Serrín
Astillas de madera
Cepillos de dientes de madera
Trapos de algodón y lana
Pelusa de secadora y aspiradora
Pelo y pieles
Cenizas de chimenea

MATERIALES QUE NO DEBEN COMPOSTARSE

Hojas o ramitas de nogal negro
Cenizas de carbón vegetal
Carne y huesos
Pescado y espinas de pescado
Productos lácteos
Huevos
Plantas enfermas o infestadas de insectos
Grasas, mantecas o aceites
Heces de animales
Desechos de gato
Animales muertos
Madera tratada a presión
Arena
Recortes de jardín tratados con productos químicos
Papel de color o satinado

CÓMO SECAR HIERBAS

Si alguna vez se te ha ocurrido cultivar hierbas aromáticas, ya habrás visto que se suelen tener más de las que es posible usar en una temporada. Afortunadamente, siempre te queda la opción de secarlas y disfrutar de la abundancia del verano durante el resto del año. Si las cosechas, limpias, secas y almacenas de forma adecuada, pueden conservar su sabor y valor medicinal durante 1 año. A continuación te ofrezco unos cuantos consejos para hacerlo bien:

COSECHAR. Es importante hacerlo en el momento adecuado. Recoge las hierbas después de que les salgan los botones florales, pero siempre antes de que se abran, que es el momento en que la planta tiene la mayor concentración de aceites esenciales. También es mejor recolectarlas por la mañana, una vez que se haya evaporado el rocío matutino, pero antes de que el sol las haya tostado demasiado.

LIMPIAR. Salvo que pretendas utilizarlas de forma inmediata, evita lavar las hierbas, puesto que la humedad favorece la aparición y el crecimiento de levaduras y moho. En vez de ello, retira a mano las hojas viejas, muertas o marchitas y límpialas sacudiendo o cepillando los restos. Lo ideal es que utilices prácticas de jardinería ecológica para así no preocuparte de lavar los productos químicos.

SECAR. En el caso de las hierbas con un bajo contenido de humedad, como las hojas de laurel, lo ideal es secarlas al aire, mientras que en el de las hierbas con un alto contenido de humedad, como la albahaca, lo mejor es congelarlas. Además, cuando seques hierbas con poca humedad, es mejor hacerlo en la oscuridad, con buena circulación de aire y a temperaturas inferiores a 43 ºC. Puedes utilizar un deshidratador de alimentos (ajustado entre 32 ºC y 43 ºC), cestas planas, mosquiteras de ventana limpias o bastidores de secado de ropa. A pesar de que te pueda parecer un buen atajo, evita siempre los microondas y los hornos convencionales, pues suelen cocer y destruir la calidad de las hierbas. Otra posibilidad es atarlas en manojos de 4 a 6 tallos y colgarlos boca abajo para que se vayan secando solos. Sin embargo, en este caso, para que no se oxiden ni contaminen, es fundamental descolgar los manojos y guardarlos en cuanto estén secos; sabrás que han acabado de secarse cuando puedas desmenuzarlos en la mano con facilidad.

ALMACENAR. A la hora de guardarlas, las hojas y semillas enteras conservan mejor los aceites que las hierbas desmenuzadas o las semillas molidas. Si bien puedes usar un mortero para moler las hierbas, ten presente que entonces es posible que no conserven su calidad durante tanto tiempo. Lo habitual es que mantengan mejor su sabor si se guardan enteras hasta el momento en que las utilices. En cualquier caso, almacena siempre las hierbas secas en recipientes herméticos, lejos de la luz solar directa y del calor. Etiqueta inmediatamente los tarros con la fecha y el contenido. Además, es fácil saber si una hierba sigue siendo valiosa por su aspecto, olor y eficacia. Como dice la herborista Rosemary Gladstar, ha de tener el mismo aspecto, oler y funcionar igual que el día en que terminó de secarse. Cuando vayas a usar hierbas secas en recetas de cocina, no olvides que están más concentradas que las frescas. Así que, como norma general, si una receta pide 1 cucharada de hierbas frescas, debes sustituirla por 1 cucharadita de hierbas secas trituradas.

CÓMO CONGELAR HIERBAS FRESCAS EN MANTEQUILLA O ACEITE

Una de mis formas preferidas de conservar las hierbas cuando acaba el verano es congelarlas. Si bien técnicamente es posible congelar las hierbas solas metiéndolas en un recipiente hermético, la realidad es que al hacer esto con frecuencia se oscurecen, se queman en el congelador y pierden sabor y aroma. Mi impresión es que para conservarlas bien es mejor congelarlas en mantequilla o aceite de oliva en cubiteras o moldes de silicona. Y así, una vez se hayan solidificado, podrás usar estos cubitos para dar sabor a sopas, guisos, salteados, pastas y adobos. El método de congelarlas funciona mejor con hierbas más duras como el orégano, el romero, la salvia y el tomillo. En el caso de las hierbas suaves, como la menta, la albahaca y el eneldo, es mejor utilizarlas frescas, pues no se conservan tan bien congeladas.

PARA CONGELAR: Retira con cuidado las hojas de los tallos, desechando las que estén marrones o marchitas, lávalas bien y sécalas dándoles unos suaves toquecitos con un paño. Puedes trocear las hojas, picarlas o dejarlas enteras, según el tipo de planta y el uso que preveas darle. Reparte las hierbas en cubiteras o moldes de silicona, llenando cada compartimento hasta unas ¾ partes aproximadamente. Después, vierte mantequilla derretida o aceite de oliva virgen extra en cada uno de los compartimentos. Congela durante por lo menos 8 horas, luego saca los cubitos de los moldes y pásalos a un recipiente de cristal o a una bolsa de silicona. Etiqueta el recipiente anotando el tipo de hierba y la fecha y guárdalo en el congelador, donde aguantará bien hasta 3 meses.

HIERBAS DE BAJA HUMEDAD	HIERBAS DE ALTA HUMEDAD
Laurel	Albahaca
Apio	Borraja
Eneldo	Cebollino
Melisa	Cilantro
Hierbaluisa	Hierba de limón
Mejorana	Menta
Orégano	Perejil
Romero	
Salvia	
Estragón	
Tomillo	

CONTROL ECOLÓGICO DE LAS MALAS HIERBAS

Vaya por delante que no tengo nada en contra de las malas hierbas. Entiendo que son solo plantas que crecen en el lugar equivocado. Dicho esto, comprendo perfectamente al jardinero que se siente frustrado cuando las malas hierbas crecen donde él no desea que lo hagan; en un arriate enterrado donde compiten con las verduras, en las grietas entre los ladrillos del patio o a lo largo de los caminos de grava o mantillo.

La receta que te ofrezco aquí es un herbicida sencillo y no tóxico que puedes preparar con ingredientes que seguro que tienes en tu armario de la limpieza. Los cítricos contienen un aceite esencial llamado D-limoneno que arranca la cutícula de las hojas de las malas hierbas. Una vez desraizadas, el ácido acético del vinagre seca el follaje. El jabón actúa como tensioactivo que ayuda a reducir la tensión superficial de las hojas, para que la planta pueda absorber los demás ingredientes y permita que estos hagan su trabajo. Esta receta está pensada para desherbar ligeramente; hay malas hierbas más resistentes a las que no les asusta el vinagre casero. Tampoco penetra en el sistema radicular, por lo que a veces hay que repetir el proceso. No obstante, es seguro y práctico tanto para las malas hierbas ligeras como para las de caminos, vallas y patios.

INGREDIENTES

3 tazas de limpiador cítrico multiusos concentrado (véase la página 74)

3 cucharadas de ácido cítrico

1½ cucharaditas de jabón de Castilla líquido o del limpiador biodegradable Sal Suds

INSTRUCCIONES

Mezcla el limpiador sin diluir y el ácido cítrico en una botella pulverizadora de medio litro. Enrosca el tapón y agítalo bien para disolver el ácido cítrico. Incorpora el jabón y vuelve a tapar. Agita la botella arriba y abajo varias veces para que se mezcle de forma homogénea.

MODO DE EMPLEO: Pulveriza a conciencia sobre las malas hierbas. Hazlo en un día soleado en el que no vaya a llover y ten cuidado de no rociarlo sobre tus hortalizas, pues el producto no diferenciará las plantas que deseas conservar de las malas hierbas.

CONSEJO DE SEGURIDAD: Los gatos no deben acercarse a las zonas tratadas hasta que pasen varias horas, pues puede resultarles peligroso ingerir los aceites naturales de la mezcla.

INSECTOS BENEFICIOSOS COMUNES

Chinches damisela
Caballitos del diablo
Libélulas
Luciérnagas
Escarabajos de tierra
Crisopas
Mariquitas
Avispas parásitas
Mantis religiosas
Ácaros depredadores
Chinches depredadoras
Moscas ladronas
Estafilínidos
Escarabajos soldados
Arañas

CÓMO ATRAER INSECTOS BENEFICIOSOS

Los bichos tienen mala fama. En el huerto, los consideramos una plaga y echamos pestes de ellos cuando se zampan nuestras verduras. En ocasiones, hasta llegamos a envenenarlos con pesticidas químicos. Sin embargo, según demuestran estudios científicos, el 97% de los insectos son beneficiosos de algún modo: o bien no hacen ningún daño, o bien sirven de alimento a otros animales, como los pájaros, o bien ellos mismos son depredadores de los insectos que destruyen nuestros cultivos. Curiosamente, al usar insecticidas químicos, quizá acabemos con las plagas (de momento), pero también estamos erradicando a los bichos beneficiosos que nos sirven como control natural de las plagas. Tomemos como ejemplo una mariquita: un solo ejemplar adulto come cincuenta pulgones diarios; así que, entre todas sus crías, acabaremos con miles de pulgones, arañas rojas y moscas blancas en el mismo periodo de tiempo.

Dada la eficiencia de los insectos beneficiosos en el control de plagas, querrás atraerlos en masa al huerto. A continuación te ofrezco unos cuantos consejos para hacerlo:

CONSIDERA EL HUERTO UN ECOSISTEMA ACTIVO. En lugar de intentar hacer frente a los bichos malos con pesticidas químicos, cambia de idea y dale la bienvenida a los bichos beneficiosos, permitiendo así que el mundo de los insectos cree un equilibrio natural en tu jardín.

CONOCE TUS BICHOS. Aprende a distinguir qué bichos son beneficiosos y cuáles son plagas, así como a identificarlos.

PLÁNTALES SUS ALIMENTOS FAVORITOS. Cultiva una variedad de plantas que proporcionen néctar y polen a los insectos beneficiosos; por ejemplo, plantas de la familia de las margaritas (aster, cosmos, milenrama); las de la familia de las zanahorias (cilantro, eneldo, perejil, hinojo); las de la familia de la mostaza (*alyssum*) y trigo sarraceno.

ADOPTA LOS PRINCIPIOS DE LA SIEMBRA ASOCIADA. Emplea esta antigua estrategia de colocar plantas juntas para atraer insectos beneficiosos y disuadir plagas. Por ejemplo, planta caléndulas con tomates para evitar los nematodos, las babosas y los gusanos del tomate y capuchinas para alejar los pulgones de pepinos, tomates, calabazas y calabacines.

CRÉALES UN REFUGIO O HÁBITAT. A los insectos beneficiosos les hacen falta lugares donde alimentarse, esconderse, reproducirse e invernar. Crea bordes de vegetación diversa con flores, arbustos y hierbas. Plantéate la posibilidad de construir un pequeño hotel para insectos (véase la página siguiente) e instalarlo en otoño, cuando los bichos se están preparando para el invierno y la hibernación.

PROPORCIÓNALES UNA FUENTE DE AGUA. Suministra una fuente fiable de agua limpia, utilizando platillos, piletas para pájaros o fuentes de agua. No olvides cambiar el agua con frecuencia para evitar atraer a los mosquitos.

LIMITA EL USO DE PESTICIDAS. Escoge métodos no químicos de control de insectos, como recoger a mano las plagas, podar las infestaciones y cubrir las hileras de cultivos.

HOTEL PARA INSECTOS

Si te gusta la jardinería y te entusiasma la naturaleza, sin duda te encantará crear un hotel para insectos con el que darle la bienvenida a tu jardín a los polinizadores y otros insectos beneficiosos. Un lugar así, lleno de recovecos, representa un refugio vital para las mariposas polinizadoras, las abejas solitarias, las crisopas, las mariquitas y otros insectos que ayudan a polinizar las flores, controlar las plagas y mantener sano el ecosistema del jardín. La época ideal para construir e instalar un albergue así es el otoño, cuando los insectos beneficiosos empiezan a buscar un lugar donde hibernar. Así, en primavera, estarán en tu jardín, preparados para polinizar las plantas, descomponer la materia vegetal vieja y devorar las plagas no deseadas.

En realidad, es bastante sencillo: solo necesitas una pajarera abierta o una caja de madera con un voladizo que la proteja de la lluvia y la nieve. Un poco más adelante encontrarás instrucciones para realizar una caja sencilla. Una vez que tengas el armazón listo, llénalo con diversos materiales de la naturaleza que les proporcionen a tus huéspedes un refugio seguro y forraje donde anidar. Puedes utilizar todo tipo de materiales que encuentres, hayas reciclado o quieras reciclar, desde ramitas y virutas de madera hasta papel enrollado, tallos huecos de plantas, cañas de bambú, tubos de cartón, bloques de madera con agujeros, hojas secas, corteza, paja y heno. En líneas generales, a las abejas solitarias les gusta anidar en tallos huecos o en agujeros perforados en bloques de madera; las mariquitas prefieren hibernar entre ramitas u hojas secas amontonadas, y a los escarabajos, ciempiés, arañas y cochinillas les encanta holgazanear bajo la madera y la corteza podridas.

MATERIALES

Tabla de madera resistente a la putrefacción de 1,2 por 10 centímetros (necesitarás aproximadamente 1 metro)

Tabla de madera resistente a la putrefacción de 1,2 por 12,7 centímetros (solo necesitarás 14 centímetros, pero puede que precises comprar una tabla más larga)

Tornillos resistentes a la intemperie de 3,2 centímetros

Pegamento para madera

Ramitas, virutas de madera, cañas de bambú cortadas, bloques de madera con agujeros taladrados, piñas, hojas secas, corteza, paja o heno

Herrajes para colgar

continúa

Hotel para insectos, continuación

INSTRUCCIONES

1. Para construir los laterales de la caja, corta 2 piezas de 23,5 centímetros de la tabla de 10 centímetros de ancho. En cada una de las piezas, marca un borde a 21 centímetros, traza una línea desde esta marca hasta la parte superior de la esquina opuesta y corta sobre esta línea de forma que el borde superior quede en ángulo.

2. Para construir la parte trasera, corta una pieza de 23,20 centímetros de la tabla de 10 centímetros de ancho.

3. Para construir las piezas central e inferior, corta 2 trozos de 10 centímetros de la tabla de 10 centímetros de ancho.

4. Para construir el techo, coge una pieza de 14 centímetros de la tabla de 12,7 centímetros de ancho.

5. Para montarlas, coloca las piezas laterales a ambos lados de la pieza trasera (a lo largo de los bordes largos) y atornilla la parte exterior de las piezas laterales a los bordes largos de la tabla trasera.

6. Coloca la pieza inferior y atornilla ambos lados.

7. Pega la pieza central a la parte interior de las piezas laterales y atorníllala si lo deseas.

8. Fija el tejado alineándolo con la tabla trasera, de forma que quede colgando sobre la parte delantera y los laterales. Atornilla el techo a las piezas laterales y trasera.

9. Apila los materiales de relleno en la caja de modo que queden bien apretados, pero dejando espacio suficiente para que los insectos puedan entrar y anidar.

10. Coloca los herrajes para colgar en la caja y fíjala a una valla o al tronco de un árbol, a un metro del suelo, preferiblemente orientada hacia el sur para que tus insectos puedan sentir el calor del sol de la mañana.

CÓMO GUARDAR SEMILLAS

Guardar semillas puede ser una forma económica y fructífera de cultivar un huerto. Poniéndola en práctica, no solo ahorrarás dinero, al no tener ya que comprar paquetes de semillas y trasplantes un año tras otro, sino que además podrás escoger las semillas de las plantas más fuertes y que mejor se te den. Si las eliges con inteligencia, mejorarás tu reserva de semillas, manteniendo tanto la diversidad genética de las plantas como el patrimonio cultural que atesoren estas. A continuación te ofrezco algunas pautas para ello:

PLANTA SEMILLAS AUTÓCTONAS O DE POLINIZACIÓN ABIERTA. Cuando estés planificando tu huerto, hazlo pensando en el ahorro de semillas. Evita los híbridos y en vez de ello escoge plantas de polinización abierta o autóctonas que vayan a producir semillas «fieles al tipo», es decir, a reproducir frutos o flores que posean las mismas características distintivas que sus plantas madre. Los híbridos no se reproducen de esta forma y encima suelen ser genéticamente menos estables y más endebles que sus semillas parentales. Para que puedan distinguirse, las semillas llevan la marca OP, reliquia o híbrido (F1) impreso en las etiquetas.

EMPIEZA CON PLANTAS FÁCILES Y AUTÓGAMAS. En un primer momento, lo mejor es plantar cultivos fáciles y autógamos, como tomates, pimientos, judías y guisantes. Sus semillas son las más fáciles de conservar porque no necesitas grandes conocimientos botánicos para asegurarte de que estas se van a reproducir fieles a su tipo. El caso contrario es el de las plantas que dependen del viento o de los insectos para polinizarse, ya que estas suelen producir semillas híbridas y hacen que el proceso de guardar sus semillas sea un poco más complejo.

GUARDA LAS SEMILLAS DE LAS MEJORES PLANTAS. Cuando recojas las semillas, piensa como lo haría un cultivador de plantas. Recolecta de las más sanas, sabrosas y fuertes. Si las semillas que guardas son las del tomate más grande y sabroso del huerto y las vuelves a plantar al año siguiente, acabarás teniendo semillas que siempre produzcan tomates igual de grandes y sabrosos. Por esta misma razón, es mejor que evites las plantas débiles, incluidas las que están infestadas de enfermedades o carecen de sabor.

RECOGE LAS SEMILLAS CUANDO ESTÉN MADURAS Y SEGÚN EL TIPO DE PLANTA. Antes de recoger las semillas, espera a que hayan madurado del todo, ya que no germinarán si las cosechas demasiado pronto. También es bueno aprender a recolectar según el tipo de planta.

- **PARA LOS TOMATES,** lo ideal es dejar que el fruto madure del todo en la planta, después abrirlo, sacar las semillas y meterlas, junto con el gel que llevan a su alrededor, en un cuenco con agua. Cubre este con una estopilla y resérvalo. Las semillas irán fermentando y se acabarán hundiendo hasta el fondo en 3 o 5 días; entonces, podrás colarlas, enjuagarlas bien y esparcirlas sobre papel de periódico para que se sequen. Tardarán en hacerlo 1 o 2 semanas.

- **PARA LOS PIMIENTOS,** lo mejor es dejar algunos frutos en la planta hasta que estén maduros y hayan comenzado a arrugarse. Luego, ábrelos, saca las semillas y extiéndelas sobre papel de periódico para que se sequen durante una semana.
- **PARA LAS HABAS Y LOS GUISANTES,** deja algunas vainas en la planta hasta que estén secas y empiecen a dorarse; lo sabrás porque las semillas quedarán sueltas en su interior. En ese momento, retira las vainas de la planta y déjalas secar tal cual las hayas recogido colocándolas sobre un plato o papel de periódico durante 2 semanas. Una vez se hayan secado del todo, retira las semillas para almacenarlas.

ALMACENA LAS SEMILLAS DE FORMA ADECUADA. Para evitar el moho o la contaminación, antes de almacenar las semillas tendrás que asegurarte de que se encuentran completamente secas. En ese momento, sella las semillas en sobres de papel o paquetes de semillas etiquetados anotando el nombre, la variedad y la fecha de recolección. A fin de que aguanten más tiempo, coloca los paquetes de semillas en tarros de cristal herméticos y guárdalos en la nevera o en otro lugar fresco y oscuro. Si lo haces de forma adecuada, la mayoría de las semillas pueden conservarse varios años.

ADORNOS DE ALPISTE

A la hora de cuidar de nuestras amigas las aves, a mis hijos y a mí nos gusta colocar comederos para pájaros en el jardín, en sus alrededores o hasta en el alféizar de la cocina, para así poder observarlas y disfrutar de ellas. Si bien tratamos de alimentarlas todo el año, intentamos hacer un esfuerzo mayor a finales de invierno y a principios de primavera, que es justo cuando sus fuentes naturales de alimento escasean o llegan a agotarse. Una de las muchas formas en que alimentamos a los pájaros es haciendo cada año estos sencillos adornos de alpiste. Constituyen tanto una rica experiencia sensorial para las manos de los más pequeños como una forma de conectar con el mundo natural que vive al lado de su casa.

MATERIALES

¼ de taza de gelatina en polvo sin sabor
½ taza de agua fría
½ taza de agua hirviendo
2½ tazas de alpiste

Moldes para hacer galletas
1 pajita
Cordel biodegradable

INSTRUCCIONES

1. Toma un cuenco grande y mezcla en él la gelatina con el agua fría hasta que la primera se haya disuelto casi del todo. Incorpora el agua hirviendo y sigue mezclando hasta que la gelatina se disuelva completamente. Añade el alpiste, más o menos 1 taza cada vez, y sigue revolviendo bien para que la mezcla de gelatina cubra cada una de las semillas.

2. Forra una bandeja de horno con borde con papel de horno compostable y coloca sobre ella unos moldes para hacer galletas. Rellénalos con la mezcla de alpiste hasta alcanzar más o menos unas ¾ partes del molde. Usa los dedos o un cuadradito de papel de horno y presiona con firmeza la mezcla de semillas que haya en cada molde. Sigue echando más mezcla de semillas y continúa presionando hasta que esta llegue al borde superior. Haz un agujero para el cordel empujando la pajita a través de la mezcla de semillas y girándola. No olvides dejar un borde grueso entre el agujero y la parte superior del adorno.

3. Mete la bandeja en la nevera durante unas horas, hasta que los adornos se hayan endurecido y gelatinizado. En ese momento, retira los adornos de los moldes empujando suavemente por los bordes hasta que el adorno se desprenda. Pasa un cordel por los agujeros que hiciste y cuelga los adornos en las ramas de los árboles de tu jardín.

COMEDERO PARA PÁJAROS EN UNA TAZA RECICLADA

Otra manualidad divertida y barata es este comedero para pájaros, que podrás hacer con una taza de té y un platillo viejos o de segunda mano. Si los que tienes no hacen juego, no te preocupes, que taza y platillo vayan desparejados le añade encanto y fantasía al huerto, y seguramente a tus pájaros no les importará gran cosa. Cuando te pongas a buscar la taza de té que más te guste, procura que tenga los lados rectos y no en forma de V. Si bien podrías utilizar cualquier taza de té y platillo, las que tienen lados rectos (y asas rectas) se prestan a ser comederos de pájaros planos, una vez colgados de la rama de un árbol o de un gancho de pastor. Como es obvio, si le echas algo de ingenio y creatividad, serás capaz de que sirva cualquier taza y platillo. Lo único es que igual te toca ser más cuidadoso.

MATERIALES

Taza de té y platillo *Gancho de pastor (opcional)*
Pegamento fuerte *Alpiste*
Cordel

INSTRUCCIONES

Antes de empezar, asegúrate de que tanto la taza de té como el platillo están limpios y secos. Coloca la taza de lado, con el asa orientada hacia arriba, y busca el mejor lugar para pegarla al platillo. Cuando sepas por dónde quieres pegarlos, levanta la taza de té por donde vaya a unirse al platillo y aplica una pequeña cantidad de pegamento en este. Vuelve a colocar la taza de té en ese sitio con mucho cuidado y presiónala contra el pegamento para que quede bien fija. Mantenla así durante unos minutos. Si el pegamento no acaba de secar, puedes usar cinta de carrocero para sujetar taza y platillo juntos hasta que lo haga del todo. En función del tipo de pegamento que uses, puede tardar hasta 2 horas. Una vez que el pegamento se haya secado del todo, ata un trozo de cordel al asa y cuélgala de un árbol o de un gancho de pastor. Llena la taza de té y el plato con alpiste y… ¡a disfrutar!

BOMBAS DE SEMILLAS DE FLORES SILVESTRES

Esta receta es una forma estupenda de hacer que el cultivo de plantas entusiasme a los niños y a quienes no están familiarizados con la jardinería. A los niños les encanta participar en la fabricación de las bombas de semillas, no solo pueden ensuciarse las manos y mancharlo todo, sino que a ellos (¡y también a muchos mayores!) les resulta relajante y terapéutico mezclar y moldear arcilla. Estas bombas de semillas, compuestas de arcilla, tierra para macetas y semillas, se plantan o se arrojan a una zona, donde permanecen quietas gracias a su peso. A medida que transcurre el tiempo, se rompen y siembran solas con la llegada de la lluvia. Las flores silvestres resultan agradables a la vista y además crean hábitats autóctonos que sirven de sustento a abejas y mariposas. Hay a quien le gusta plantarlas en una jardinera, en un arriate o en un parterre. Otros prefieren jugar más el papel de jardineros de guerrilla y las plantan directamente en el jardín, a lo largo de los ríos, en praderas o en terrenos baldíos. En cualquiera de los casos, con el paso de algunas semanas, brotarán flores silvestres autóctonas, ¡y todo se llenará de color y belleza! Yo veo las bombas de semillas como unos regalos maravillosos para las festividades de primavera, como el día de la Tierra, el equinoccio de primavera, Pascua, Pascua Judía o el día de la Madre. Solo tendrás que envolver las bombas en retales de tela o papel de seda y atarlas con cordel, hilo o cuerda. Ponles una etiqueta con el nombre y regálaselas a tus amigos y seres queridos.

MATERIALES

1 parte de semillas de flores silvestres autóctonas   *3 partes de arcilla de secado al aire*
4 partes de tierra para macetas

INSTRUCCIONES

Mezcla las semillas y la tierra en un cuenco mediano. Añade la arcilla e incorpórala a la mezcla. Poco a poco, échale agua tibia para ablandarla y facilitar que los ingredientes se mezclen. Si te parece que la masa está demasiado húmeda, añade más tierra; si la ves seca, échale más agua. Amasa con las manos hasta que tenga la consistencia de una masa firme para galletas. En ese momento, toma pequeños puñados de y moldéalos como si fueran bombas del tamaño de los agujeros de un dónut. Una vez que las tengas, ponlas en una bandeja de horno con borde forrada con papel de horno compostable y deja que se sequen y endurezcan. En función de la temperatura y la humedad, tardarán de 1 a 2 días.

PEPINILLOS DE NEVERA

En mi huerto nunca faltan los pepinillos, y como más me gusta prepararlos y comerlos es encurtidos. Si bien existen muchas formas de hacer esto, una de las maneras más fáciles de preparar un encurtido fresco y crujiente es metiéndolo en salmuera y refrigerándolo. Te bastarán 15 minutos para hacer esta estupenda receta.

INGREDIENTES
(Para 2 tarros de medio litro)

1½ tazas de vinagre de sidra de manzana, ya sea comprado o casero (véase la página 34)

1½ tazas de agua

1 cucharada de sal de encurtir o sal kosher

450 g de pepinillos o pepinos kirby

4 dientes de ajo

1 o 3 ramitas de eneldo fresco

2 cucharaditas de semillas de eneldo

½ cucharadita de semillas de mostaza

½ cucharadita de pimienta negra en grano

½ cucharadita de pimienta roja molida

INSTRUCCIONES

1. Para preparar la salmuera, mezcla el vinagre, el agua y la sal en un cazo y caliéntala a fuego alto, sin dejar de batirla, hasta que se disuelva la sal. A continuación, pasa la salmuera a un tarro limpio de litro y refrigérala hasta que se enfríe, lo que le llevará unos 30 minutos.

2. Lava 2 tarros de conserva de boca ancha de medio litro. Lava y seca los pepinillos. Quítales los extremos, reservando bien los pepinos enteros, bien cortados en tallos. Reparte entre los tarros el resto de ingredientes: el ajo, las ramitas y las semillas de eneldo, las semillas de mostaza, los granos de pimienta y la pimienta roja molida. Mete los pepinillos en los tarros. En caso de que sean demasiado largos, recórtales los extremos hasta que quepan dentro. Vierte la salmuera sobre los pepinillos hasta que se encuentren sumergidos del todo. A fin de que no queden burbujas de aire en los tarros, golpéalos contra la encimera unas cuantas veces. Ciérralos de forma hermética, refrigéralos durante 48 horas y ¡a disfrutar! Los pepinillos aguantarán bien en la nevera hasta 1 mes.

CHUCRUT DE LA ABUELA

Una de las mayores paradojas de nuestra época es que, mientras el 40% de los alimentos producidos nunca llegan a comerse, a uno de cada ocho estadounidenses le cuesta llevar comida a la mesa. De pequeña, recuerdo haber oído contar con frecuencia cómo mis bisabuelos sobrevivieron a la Gran Depresión gracias en parte a que sus familias cultivaban alimentos, pero también a que sabían cómo conservarlos. Uno de los procedimientos que empleaban era fermentar las verduras. No estoy segura de que por aquel entonces tuvieran tantos conocimientos al respecto como hay ahora, pero haciendo eso, además de aumentar la vida útil de sus alimentos, creaban alimentos curativos ricos en enzimas digestivas y bacterias probióticas.

Cuando mis hijos eran pequeños y tenían problemas digestivos, retomé la idea donde la había dejado mi abuela y aprendí todo lo que fui capaz sobre el cultivo de alimentos que les sentaran bien al intestino. Empecé con esta receta de chucrut y luego seguí adelante aprendiendo a hacer yogur, kimchi, kéfir, kombucha, masa madre y encurtidos. Si bien esta receta se refiere de forma específica a la col, espero que te sirva como primer paso a la fermentación de más verduras deliciosas.

INGREDIENTES
(Para 1 litro)

1 col verde mediana   *De 1 a 3 cucharadas de sal marina*

INSTRUCCIONES

Desecha las hojas externas de la col que veas marchitas. Corta la col en cuartos y aparta el corazón. A continuación, corta cada uno de los cuartos a lo largo, creando 8 cuñas, y luego cada una de las cuñas de forma transversal, en cintas muy finas. Después, pasa la col a un bol grande. Añade la sal e incorpórala amasando y apretando la col con las manos. Continúa así durante unos 10 minutos, hasta que la col se vaya poniendo blanda y comience a soltar su jugo. Cuando ya haya soltado bastante jugo, empieza a meter la col en un tarro de cristal esterilizado de litro. Cada cierto tiempo, aplástala un poco para que los jugos suban por encima. No olvides añadir sobre la col también el jugo que haya sobrado en el bol. Cuando el tarro esté lleno, aplasta la col colocándole encima un peso de fermentación. Si no dispones de uno, puedes fabricarlo de forma casera utilizando un corazón de col, un corazón de manzana o un tarro pequeño (véase el recuadro de la página contigua).

Cierra el tarro, ya sea con una tapa normal o con una de esclusa. Si no dispones de una tapa de esclusa, tendrás que ir sacándole el aire al fermento a diario desenroscando la tapa del tarro a fin de que se libere la presión y enroscándola de nuevo después. Coloca el tarro en la encimera de la cocina y deja que la col vaya fermentando a temperatura ambiente durante 2 o 3 semanas, todo depende de lo ácida que te guste. Cuando el chucrut esté listo, ciérralo con una tapa hermética y guárdalo en la nevera, donde aguantará bien hasta varios meses.

CÓMO HACER UN PESO DE FERMENTACIÓN CASERO

CON UN CORAZÓN DE COL. Corta una col por la mitad, sácale el corazón y recorta este en forma de cuadrado o círculo hasta que quepa dentro del tarro. No olvides hacerle una muesca en el centro para que te resulte más sencillo sacarlo del tarro con el dedo.

CON UN CORAZÓN DE MANZANA. Pela una manzana y sácale el corazón. Corta esta en discos de 2 o 3 centímetros y recorta los bordes si hace falta hasta que quepan dentro del tarro. Coloca tantos discos dentro del tarro como sea necesario para mantener las verduras sumergidas.

CON UN TARRO MÁS PEQUEÑO. Llena de agua un tarro de cristal más pequeño y colócalo en la boca del tarro de fermentación, a modo de tope.

RÁBANOS FERMENTADOS

Los rábanos son divertidos de plantar, de cultivar y de recoger…, pero ya no tanto de comer. Nunca soy capaz de tragar más de tres o cuatro rábanos crudos antes de empezar a preguntarme por qué cultivo algo que en realidad no me gusta comer. Sin embargo, esta verdura amarga y terrosa, si la lactofermentamos, se convierte en una delicia crujiente y ácida. Además, es una de las verduras más bonitas y más sencillas de cultivar. El color se filtra de la piel a la salmuera y lo tiñe todo de fucsia.

INGREDIENTES
(Para 1 litro)

2½ cucharadas de sal

4 tazas de agua filtrada

2 o 3 manojos de rábanos

6 ramitas de eneldo fresco

4 dientes de ajo enteros

½ cucharadita de granos de mostaza

½ cucharadita de pimienta negra en grano

INSTRUCCIONES

En un cuenco, o en un vaso medidor grande con pico, prepara la salmuera disolviendo la sal en el agua filtrada. Lava los rábanos, quítales los tallos y córtalos en cuartos (te harán falta unas 2½ tazas). Reparte el eneldo, el ajo, las semillas de mostaza y los granos de pimienta en 2 tarros de conserva limpios de boca ancha y de medio litro. Mete los trozos de rábano en los tarros. Vierte la salmuera sobre ellos y coloca un peso de fermentación encima de los rábanos para que queden sumergidos del todo y completamente protegidos de las bacterias. Si no dispones de un peso de fermentación, puedes fabricarlo de forma casera (véase la página 241). Cierra el tarro, ya sea con una tapa normal o con una de esclusa. Las tapas de esclusa están diseñadas para liberar la presión; si no dispones de una, tendrás que ir sacándole el aire al fermento a diario desenroscando la tapa del tarro a fin de que se libere la presión y enroscándola de nuevo después. Coloca los tarros en la encimera de la cocina y déjalos fermentar a temperatura ambiente de 3 a 7 días, todo depende de lo ácidos que los quieras. Retira el peso de fermentación, cierra el tarro con una tapa hermética y guárdalo en la nevera, donde aguantará bien hasta 3 meses.

SALSA FERMENTADA

A mediados de verano suelo estrujarme el cerebro para encontrar maneras de conservar mi pequeña cosecha de tomates. Afortunadamente, los tomates y la conservación se llevan tan bien como la mantequilla y la mermelada. Los tomates se prestan sin problemas al enlatado, el secado, la congelación y la fermentación, algo que hace de ellos los candidatos ideales para abastecer tu despensa durante el invierno. Personalmente, me encanta arremangarme de vez en cuando y montar una pequeña fiesta de las conservas, pero también me entusiasma fermentar frutas y verduras. Y dado que la salsa casera solo dura unos días en la nevera, mientras que la fermentada aguanta meses… Además, al estar fermentada, es una forma maravillosa de añadir más alimentos probióticos a tu dieta.

INGREDIENTES
(Para alrededor de 1 litro)

3 tomates medianos cortados en dados

1 cebolla mediana cortada en dados

1 pimiento verde mediano sin semillas y cortado en dados

1 o 2 jalapeños sin semillas y cortados en dados

2 o 3 cebolletas, solo las partes verdes, picadas

2 dientes de ajo picados

¼ de taza de cilantro fresco picado

Zumo de limón fresco al gusto

2 cucharaditas de sal

INSTRUCCIONES

En un tarro de conservas limpio de litro, mezcla todos los ingredientes. Presiónalos para que las verduras liberen sus líquidos. Sigue presionando hasta que todas las verduras queden sumergidas bajo su propio líquido. Coloca un peso de fermentación encima de las verduras para aplastarlas y que se mantengan sumergidas y protegidas de las bacterias. Si no tienes un peso de fermentación, puedes fabricarlo de forma casera (véase la página 241). Cierra el tarro, ya sea con una tapa normal o con una de esclusa. Las tapas de esclusa están diseñadas para liberar la presión; si no dispones de una, tendrás que ir sacándole el aire al fermento a diario desenroscando la tapa del tarro a fin de que se libere la presión y enroscándola de nuevo después. Coloca el tarro en la encimera de la cocina y déjalo fermentar a temperatura ambiente durante 2 días. Retira el peso de fermentación, cierra el tarro con una tapa hermética y guárdalo en la nevera, donde aguantará bien hasta 3 meses.

SOPA DE TOMATE Y ZANAHORIA

Otra forma estupenda de aprovechar los tomates de mediados o finales del verano es preparar una sopa, ya sea para disfrutarla en el momento o para congelarla y saborear el verano a mitad del invierno. Hace unos años descubrí que mis tomates y zanahorias maduraban a la vez, por lo que decidí preparar esta suculenta sopa. Desde entonces se ha convertido en una de las favoritas de la familia. Servida con pan casero (véase la página 38), es perfecta como comida reconfortante durante todo el año.

INGREDIENTES
(Para 2 litros)

1,8 kg de tomates pelados y partidos por la mitad

¾ de taza de aceite de oliva, ghee o mantequilla

1 cucharadita de sal

½ cucharadita de pimienta negra molida

1 cebolla amarilla mediana picada

4 dientes de ajo picados

2 tallos de apio cortados en dados

5 zanahorias medianas cortadas en dados

2 tazas de caldo de pollo o de verduras, ya sea comprado o casero (véase la página 32)

¾ de taza de leche de coco o nata espesa

½ taza de hojas de albahaca fresca picada

INSTRUCCIONES

1. Precalienta el horno a 200 °C.

2. Coloca el tomate en una bandeja de horno con borde. Reserva 3 cucharadas de aceite y rocía el resto sobre los tomates junto con la sal y la pimienta. Asa de 30 a 40 minutos hasta que estén dorados.

3. Mientras, en una olla grande, calienta a fuego medio el aceite que habías reservado. Añade el resto de verduras y cocina hasta que se ablanden. Cuando los tomates acaben de asarse, añádelos también a la olla junto con el caldo; baja la potencia y cuece a fuego lento de 10 a 15 minutos, hasta que las verduras estén tiernas. Con una batidora, de brazo o de vaso, tritura la sopa. Sírvela inmediatamente, rociando cada ración con leche de coco y adornándola con albahaca. Puedes guardar las sobras (sin leche de coco ni albahaca): déjalas enfriar, pásalas a recipientes herméticos y congélalas, donde aguantarán bien hasta 6 meses.

Imagen superior izquierda: Sopa de tomate y zanahoria (en esta misma página); imagen superior derecha: Sopa de tallos de brócoli sin desperdicio (véase la página 250); imagen inferior izquierda: Sopa de ajo asado (véase la página 251); imagen inferior derecha: Sopa fría de pepino y aguacate (véase la página 249).

PESTO DE HOJAS DE ZANAHORIA

Si hay un plato que me gusta todavía más que el pesto de albahaca es el pesto que preparo con unos restos de comida que normalmente se desechan y que suelen acabar en el cubo del compost. En este caso me refiero a las hojas de las zanahorias, esas tan verdes y enjutas que no parecen servir para nada que no sea ayudar a los hortelanos a sacar las raíces naranjas de la tierra. Pues resulta que con esas hojas se puede hacer un pesto tan delicioso como el que todos conocemos de albahaca. Y, al igual que este último, combina bien con pan, galletas, pasta y verduras crudas.

INGREDIENTES
(Para más o menos 1 taza)

1 taza de hojas de zanahorias
¼ de taza de pistachos
2 dientes de ajo pelados
2 cucharadas de zumo de limón fresco
3 cucharadas de aceite de oliva virgen extra
½ aguacate pelado (opcional)
Sal y pimienta negra molida

INSTRUCCIONES

En el vaso de una batidora o en el bol de un robot de cocina, mezcla las hojas de zanahoria, los pistachos, el ajo y el zumo de limón. Tritura los ingredientes hasta que se forme una pasta grumosa. Tal vez tengas que parar de vez en cuando para rebañar los lados. Vete incorporando el aceite de oliva, 1 cucharada cada vez, hasta que se mezcle. En caso de que desees un pesto más cremoso, añade el aguacate y tritura hasta que se forme una pasta espesa. Sazona con sal y pimienta al gusto. Puedes consumirlo en el momento o guardarlo en recipientes herméticos en la nevera, donde aguantará bien hasta 4 días.

SOPA FRÍA DE PEPINO Y AGUACATE

Esta receta es la forma ideal de tomar tu dosis de sopa en un sofocante día de verano, a la vez que aprovechas los pepinos frescos y las hierbas del huerto. Y, lo que es mejor, al tratarse de una sopa fría ni siquiera tendrás que encender el fuego para prepararla. Además de lo refrescantes que son el pepino y la menta, puedes disfrutarla con o sin yogur, en función de si tienes ganas de una comida más ligera o más pesada. En caso de que desees hacer la receta vegana, puedes utilizar un yogur no lácteo; de lo contrario, el yogur griego servirá estupendamente.

INGREDIENTES
(Para aproximadamente 1 litro y medio si utilizas el yogur o 1 litro si no lo echas)

2 pepinos ingleses picados

2 aguacates maduros pelados y sin hueso, y más para decorar

2 tazas de yogur natural (opcional)

1 taza de agua

¼ de taza de zumo de limón fresco

1 cucharada de aceite de oliva

⅔ de taza de hojas enteras de menta fresca

¼ de taza de perejil fresco picado

¼ de taza de cebollino fresco picado, y más para decorar

Sal marina al gusto

INSTRUCCIONES

En una batidora de vaso, mezcla todos los ingredientes excepto la sal y bate hasta obtener una mezcla uniforme. Sazona con sal al gusto. Pásala a tarros herméticos y refrigérala hasta que esté completamente fría, lo que le llevará de 1 a 2 horas. Disfrútala fría, adornada con dados de aguacate y cebollino picado.

SOPA DE TALLOS DE BRÓCOLI SIN DESPERDICIO

Los tallos de brócoli son una de las verduras menos apreciadas del planeta. Incluso las fruterías dan el tema por perdido y venden los ramilletes en bolsas, sin tallos ni hojas. En realidad, los tallos no solo evitan que estos se estropeen…, ¡también están muy ricos! Y además son nutritivos: poseen vitamina C, potasio, vitaminas del grupo B, calcio y hierro. Me gusta utilizarlos junto con sus ramilletes en esta sopa de otoño, cálida y suculenta. Te sugiero que la sirvas con pan artesano sin amasado (véase la página 38).

INGREDIENTES
(Para unos 4 litros)

2 cucharadas de aceite de coco sin refinar

1 cebolla mediana picada

1 tallo de apio picado

1 puerro limpio y cortado en rodajas

3 dientes de ajo picados

1 cucharadita de perejil fresco picado

700 g de ramilletes y tallos de brécol, sin los extremos, peladas las capas leñosas duras y picados (unas 8 tazas)

2 patatas yukon medianas troceadas

8 tazas de caldo de verduras, ya sea comprado o casero (véase la página 32)

4 tazas de espinacas frescas sin los tallos

Una lata de 400 mililitros de leche de coco entera

1 o 2 cucharadas de zumo de limón fresco al gusto

Sal kosher o gruesa y pimienta negra molida al gusto

INSTRUCCIONES

Pon una olla a fuego medio y derrite en ella el aceite de coco. Añade la cebolla, el apio y el puerro y sofríe de 10 a 15 minutos hasta que estén tiernos y translúcidos. Incorpora el ajo y el perejil y cocina unos 30 segundos hasta que desprendan aroma. Añade el brécol, la patata y el caldo. Llévalo a ebullición a fuego alto y luego bájalo. Cuece unos 20 minutos, hasta que las verduras queden tiernas. Añade las espinacas y cuece 1 minuto más. Retira la olla del fuego y, con una batidora de brazo, tritura todo. (También puedes utilizar una de vaso y pasar la sopa por tandas si es necesario. Cuando batas líquidos calientes, no olvides quitar el tapón central de la tapa y colocar un paño de cocina limpio sobre el orificio para que salga el vapor). Vuelve a poner la sopa, hecha puré, en la olla. Añade la leche de coco y calienta 1 minuto. Retira del fuego e incorpora el zumo de limón, la sal y la pimienta. Sirve caliente. Si deseas guardar las sobras, deja enfriarla y pásala a recipientes herméticos. Puedes congelarla, te aguantará bien hasta 6 meses.

SOPA DE AJO ASADO

Esta es una receta que podría encajar sin problema en la sección de bienestar natural. Porque, dado que lleva cuatro cabezas enteras de ajo como ingrediente principal, no me cabe duda de que refuerza el sistema inmunitario y nos ayuda a prepararnos para la temporada de gripe y resfriados. Personalmente, me gusta plantar un parterre entero de ajos en otoño, de manera que para cuando acaba el verano disponga de suficientes como para satisfacer todas mis necesidades culinarias y medicinales del otoño. Y, por si acaso te lo estás planteando, que no te preocupe que el sabor sea demasiado fuerte: al tostar el ajo se suaviza su sabor picante, dando paso a una sopa cremosa y sustanciosa.

INGREDIENTES
(Para unos 2 litros)

4 cabezas de ajo, dientes separados y pelados
2 cebollas amarillas medianas picadas
1 cabeza de coliflor picada
2 cucharadas de aceite de coco
1 cucharadita de sal

1 taza de caldo vegetal, ya sea comprado o casero (véase la página 32)
2 tazas de leche de coco
1 1/2 cucharaditas de zumo de limón fresco
1 cucharadita de tomillo fresco picado
Aceite de oliva para servir

INSTRUCCIONES

1. Precalienta el horno a 200 °C. Forra una bandeja de horno con borde con papel de horno compostable.

2. En un bol grande, mezcla el ajo, las cebollas y la coliflor y añádeles el aceite de coco. Coloca las verduras en la bandeja de horno preparada, extendiéndolas en una sola capa y espolvoréalas con la sal. Ásalas durante 30 minutos.

3. Pasa las verduras asadas a una olla grande. Añade el caldo y la leche de coco y cuece a fuego medio hasta que se calienten todos los ingredientes; después, tritura con una batidora de brazo hasta que quede una mezcla cremosa. (También puedes utilizar una batidora de vaso e ir pasando la sopa, por tandas si es necesario. Cuando batas líquidos calientes, no olvides quitar el tapón central de la tapa y colocar un paño de cocina limpio sobre el orificio para que salga el vapor). Vuelve a poner la sopa, hecha ya puré, en la olla. Prueba y ajusta los condimentos. Sírvela aderezada con zumo de limón, tomillo y un chorrito de aceite de oliva.

KVAS DE REMOLACHA TRADICIONAL

Cuando Hipócrates dijo «Que el alimento sea tu medicina», tal vez se estuviera refiriendo al kvas de remolacha. Vale, en realidad, no es probable, pero podría haberlo hecho. El kvas de remolacha, una bebida fermentada a partir de esta verdura, viene utilizándose como tónico en Europa oriental desde la Edad Media, época en la que ya se conocía su capacidad para proteger contra las infecciones. Cuando preparo y bebo kvas de remolacha, suele ser más por sus cualidades medicinales que por las epicúreas, es decir, no es que sepa muy bien…, ¡pero lo bebo de todas formas! Según Sally Fallon, autora de *Tradiciones culinarias*, el kvas de remolacha favorece la regularidad, facilita la digestión, limpia el hígado y ayuda a tratar los cálculos renales. Al igual que el resto de los alimentos fermentados, también constituye una estupenda forma de guardar comida si tienes abundancia de algún ingrediente y no quieres que se desperdicie nada.

INGREDIENTES
(Para 3 tazas)

1 remolacha grande, pelada y cortada en trozos de 4 centímetros

1 cucharada de jengibre fresco pelado y picado

1 cucharadita de sal marina

3 tazas de agua filtrada

INSTRUCCIONES

Lava y seca un tarro de conservas de litro y la tapa. Mete tanto la remolacha como el jengibre dentro. Añade la sal y el agua, dejando 2,5 centímetros de espacio libre en la parte superior del tarro. Ciérralo, ya sea con una tapa de esclusa o una normal. Si utilizas una tapa normal, asegúrate de ir sacándole el aire al fermento a diario desenroscando la tapa del tarro a fin de que se libere la presión y enroscándola de nuevo después. Deja que el kvas fermente a temperatura ambiente de 5 a 7 días. Pruébalo cuando hayan transcurrido 5 días. Debería tener un sabor terroso y ácido. Si no fuera así, vuelve a cerrarlo y déjalo fermentar de 1 a 2 días más en la encimera. Cuando esté listo, cuela los sólidos y haz una ensalada con ellos o sepáralos para compostarlos. Vierte el líquido reservado en un tarro limpio de litro con tapa hermética y guárdalo en la nevera, donde aguantará bien hasta 3 meses.

NOTA: Si no te gusta mucho tomar el kvas de remolacha solo, podrás aprovechar sus beneficios igualmente si lo diluyes en agua con gas, se lo añades a sopas o lo utilizas como sustituto del vinagre en aliños caseros para ensaladas.

HOJAS DE REMOLACHA SALTEADAS CON PIÑONES

Una vez que hayas utilizado las remolachas para hacer el kvas de la página 252 (o que las hayas preparado de cualquier otra manera), te quedarán las hojas verdes. Estas son perfectamente comestibles y, al igual que otras verduras de hoja oscura, muy nutritivas. Si no te gusta desperdiciar comida, puedes picarlas y añadírselas a sopas, guisos o un salteado como el de esta receta.

INGREDIENTES
(Para 2 personas)

¼ de taza de piñones

450 g de hojas de remolacha (de 2 manojos grandes o 3 pequeños)

1 cucharada de aceite de coco

1 taza de cebolla dulce picada

¼ de taza de vinagre balsámico

2 dientes de ajo picados

½ taza de agua

Sal y pimienta negra molida

INSTRUCCIONES

1. Pon una sartén grande a fuego medio. Añade los piñones a la sartén y tuéstalos hasta que estén ligeramente dorados y desprendan aroma. Revuélvelos con frecuencia para evitar que se quemen. Retíralos de la sartén y resérvalos.

2. Lava y escurre las hojas de remolacha. Retira los tallos duros y corta las hojas en trozos del tamaño de un bocado.

3. En la misma sartén que utilizaras antes, calienta el aceite de coco a fuego medio. Añade la cebolla y sofríela durante un minuto. Reduce la potencia a fuego bajo y sigue cocinando la cebolla unos 20 minutos, removiendo de vez en cuando hasta que te parezca que está blanda y dorada. Incorpora el vinagre balsámico. Cuece de 20 a 25 minutos para reducir el vinagre. Sube la potencia a fuego medio, añade el ajo y cocina unos 2 minutos más. Incorpora el agua, llévala a ebullición y añade las verduras. Mézclalo todo, baja el fuego, tapa y cuece de 5 a 10 minutos, hasta que las hojas estén blandas pero todavía verdes. Retíralas del fuego, sazónalas con sal y pimienta al gusto y échale los piñones. Sírvelo inmediatamente.

SAL DE HIERBAS

Cuando acaba el verano, acostumbro a tener tantas hierbas que no sé qué hacer con ellas. Con frecuencia cuelgan de cualquier gancho que haya por casa, esperando a que las convierta en tés, bálsamos, especias o, como en el caso de esta receta, sal marina de hierbas. No solo es un bonito regalo casero, sino que además puede añadirse a casi cualquier plato culinario salado, desde guisos y asados hasta huevos, verduras, cereales, pasta, judías… ¡o incluso palomitas!

INGREDIENTES
(Para unas 3 o 4 tazas)

5 dientes de ajo pelados
½ taza de sal kosher

2 tazas de hierbas frescas (como perejil, salvia, romero, tomillo, albahaca, cilantro o menta)

INSTRUCCIONES

En un robot de cocina, echa el ajo, añade 2 cucharadas de sal marina y tritura hasta que quede bien picado. A continuación, añade las hierbas. Mezcla de nuevo hasta que quede como una especie de arena gruesa, pero ten cuidado de no hacerlo tanto tiempo como para que se convierta en una pasta. Pasa la mezcla a una bandeja de horno con borde, espolvoréala con las 6 cucharadas restantes de sal marina y mezcla bien. Extiende la sal de hierbas sobre la bandeja de horno y déjala cerca de una ventana abierta durante un par de días para que se seque del todo. (Como alternativa, también puedes usar un deshidratador de alimentos a una temperatura de entre 32 °C y 43 °C). Guarda la sal de hierbas en un tarro de cristal limpio y seco con tapa hermética, donde aguantará bien hasta 6 meses.

JARABE DE AZÚCAR CON HIERBAS

Una forma maravillosa de aprovechar las hierbas de temporada y preservarlas durante todo el año es usarlas para hacer jarabes de azúcar. Si alguna vez has preparado un cóctel, o lo has pedido en algún bar, quizá te suenen los jarabes de azúcar; se trata básicamente de azúcar licuado hecho con dos ingredientes de lo más «simples»: agua y azúcar. Personalmente, me gusta mejorarlo un poco más infusionándolo con hierbas; mis favoritas son la menta y el tomillo, aunque la albahaca, la lavanda, la melisa, la hierbaluisa y el romero también hacen unos jarabes de azúcar estupendos. Si no eres bebedor, también puedes usar el jarabe de azúcar para preparar bebidas sin alcohol. Únicamente habrás de añadirle un chorrito al agua, té, refresco o zumo. Asimismo, lo puedes usar para endulzar macedonias, yogures, gofres o tortitas, o para aderezar helados, pasteles u otros productos horneados. En este caso te propongo seguir la receta tradicional, preparada con 1 parte de agua y 1 parte de azúcar, pero igualmente podrías duplicar la cantidad de azúcar en caso de que te apeteciera un jarabe más espeso y dulce.

INGREDIENTES
(Para 1½ tazas)

1 taza de agua

1 taza de azúcar

8 ramitas de hierbas frescas o un puñado de hojas de hierbas frescas

INSTRUCCIONES

En un cazo, mezcla el agua y el azúcar y ponlo a cocer a fuego medio, removiendo sin dejar de hacerlo. Una vez que el azúcar se haya disuelto, retira el cazo del fuego y añade las hierbas. Tápalo y déjalo reposar durante 30 minutos. Valiéndote de una espumadera, saca las hierbas del jarabe. Viértelo después a través de un colador de malla fina en botellas o tarros de cristal. Ciérralos con tapas herméticas y guárdalos en la nevera, donde aguantarán bien hasta 2 semanas.

VINAGRE DE LOS CUATRO LADRONES

Cuenta la leyenda que, cuando la peste bubónica asolaba Europa, Marsella se vio asaltada por cuatro ladrones que, a pesar de saquear las casas de quienes morían o enfermaban, nunca se contagiaban. Cuando se los atrapó, un juez accedió a conmutarles la pena si hacían público su secreto para mantener una buena salud. ¿Sabes cuál era? Una infusión de cuatro hierbas: salvia, lavanda, romero y tomillo. Lo que más me gusta de ella es su versatilidad. Además es muy útil como tónico, repelente de insectos, refuerzo inmunitario, espray desinfectante e incluso aliño de ensaladas.

INGREDIENTES
(Para 1 litro)

2 cucharadas de salvia seca

2 cucharadas de lavanda seca

2 cucharadas de romero seco

2 cucharadas de tomillo seco

¼ de cucharadita de pimienta negra en grano

De 4 a 8 dientes de ajo pelados

1 cucharadita de ralladura de limón

4 tazas de vinagre de sidra de manzana crudo, ya sea comprado o casero (véase la página 34)

INSTRUCCIONES

En un tarro de cristal de litro, mezcla las hierbas, los granos de pimienta, el ajo y la ralladura de limón. A continuación, vierte el vinagre. Cúbrelo con la tapa; si es metálica, coloca un trozo de papel de horno entre el tarro y esta para evitar la corrosión. Déjalo en un lugar fresco y seco de 4 a 6 semanas. Cuanto más tiempo lo tengas así, más sabroso será. Cuela el vinagre y separa los restos para compostarlos.

MODO DE EMPLEO:

COMO VINAGRETA: Utilízalo en lugar del zumo de limón o el vinagre cuando hagas una vinagreta sencilla (véase la página 57).

COMO REPELENTE DE INSECTOS: Vierte ½ taza en una botella pulverizadora de 240 mililitros y llena el resto con agua.

COMO REFUERZO INMUNOLÓGICO: Cuando te aeche un resfriado o una gripe, toma 1 o 2 cucharadas cada 3 o 4 horas hasta que mejores. Si quieres prevenirlos, toma 1 cucharada al día.

COMO ESPRAY DESINFECTANTE DE LIMPIEZA: En un pulverizador, mézclalo con una cantidad de agua igual y úsalo como limpiador desinfectante multiusos.

MERMELADA DE FRESA A LA ANTIGUA

No soy capaz de imaginarme una forma más dulce de preservar el verano que elaborando mermelada de fresa. O, todavía mejor, preparándola a la antigua usanza con tres sencillos ingredientes. De moras o de frambuesas también queda estupenda.

INGREDIENTES
(Para 2 litros)

8 tazas de fresas sin hojas y limpias   *2 cucharadas de zumo de limón fresco*
6 tazas de azúcar

INSTRUCCIONES

1. Corta las fresas en cuartos y mézclalas con el azúcar dentro de un bol. Remuévelas con suavidad hasta que estén bien cubiertas de azúcar. Tapa el cuenco con un paño de cocina y déjalo a temperatura ambiente durante 2 horas.

2. Pasa las fresas y el azúcar a una olla grande y cuécelas a fuego lento, removiendo con cuidado, hasta que el azúcar se haya disuelto. Deja la mezcla a fuego lento hasta que hierva; a continuación, pásala a un cuenco de cristal o cerámica, cúbrela con un paño de cocina y déjala en la nevera toda la noche.

3. Antes de seguir con la receta, has de esterilizar 8 tarros de conserva de 250 mililitros. Para ello, quítales las tapas y coloca los tarros de cristal en una olla llena de agua, de forma que queden sumergidos. Lleva el agua a ebullición y cuece los tarros durante 10 minutos. Después, retíralos del fuego y deja que se enfríen.

4. Traslada la mezcla de fresas y azúcar, que ya estará fría, a una olla limpia e incorpora el zumo de limón. Lleva la mezcla a ebullición a fuego medio-alto. Déjala que hierva, removiendo todo el rato y quitándole la espuma que pueda formarse en la superficie, de 10 a 15 minutos, hasta que las fresas empiecen a espesarse y gelificarse. Reduce la potencia a fuego bajo y deja que siga cociendo durante 5 minutos. La mermelada debería cuajar a unos 110 °C. (Si no dispones de un termómetro de repostería, coloca un plato en el congelador 1 hora antes. Cuando te parezca que la mermelada ha cuajado, echa un poco en el plato frío y arrástrala con el dedo. Si se queda dividida en trozos sin volver a juntarse, está cuajada; de lo contrario, continúa cocinándola hasta que te asegures de que ha cuajado).

5. Una vez que tengas lista la mermelada, trasládala a los tarros que habías esterilizado, dejando un espacio libre de entre 6 y 12 milímetros, y ciérralos. Si tienes pensado consumir

la mermelada en los próximos meses, guárdala directamente en la nevera. De lo contrario, puedes conservarla cerrando los botes al baño maría. Para ello coloca una rejilla para conservas en una olla grande. Sitúa los tarros de mermelada cerrados sobre la rejilla. Vierte agua en la olla de modo que el nivel del agua quede entre 2,5 y 5 centímetros por encima de los tarros. Lleva el agua a ebullición, tapa la olla y déjalo cocer durante 10 minutos. Una vez transcurridos estos, retira la olla del fuego y deja que los tarros se enfríen en esa misma olla durante 5 minutos. Valiéndote de unas pinzas para conservas, saca los tarros de la olla y colócalos sobre una toalla en la encimera hasta que acaben de enfriarse del todo, lo que por lo general le llevará unas 12 horas. Guarda los tarros sin abrir en un lugar fresco y oscuro, donde aguantarán bien hasta 18 meses; una vez abiertos, consérvalos en la nevera.

RECURSOS

LIBROS

RESIDUO CERO

Braungart, Michael y McDonough, William, *Cradle to Cradle: Remaking the Way We Make Things*.

Gunders, Dana, *Waste-Free Kitchen Handbook: A Guide to Eating Well and Saving Money*.

Johnson, Bea, *Zero Waste Home: The Ultimate Guide to Simplifying Your Home by Reducing Your Waste*. [Hay trad. cast.: *Residuo cero en casa. Guía doméstica para simplificar nuestra vida*, Barcelona, Pol·len, 2017 (traducción de Esther Peñarrubia)].

CONSERVACIÓN DE ALIMENTOS

Katz, Sandor Ellix, *Wild Fermentation: The Flavor, Nutrition, and Craft of Live-Culture Foods*. [Hay trad. cast.: *Pura fermentación. Todo el sabor, el valor nutricional y el arte que encierra la elaboración de alimentos vivos*, Madrid, Gaia, 2012 (traducción de Nora Steinbrun)].

Kingry, Judi y Devine, Lauren, *Ball Complete Book of Home Preserving: 400 Delicious and Creative Recipes for Today*.

Stonger, Shannon, *Traditionally Fermented Foods: Innovative Recipes and Old-Fashioned Techniques for Sustainable Eating*.

Fallon, Sally, *Nourishing Traditions: A Cookbook that Challenges Politically Correct Nutrition and the Diet Dictocrats*. [Hay trad. cast.: *Tradiciones culinarias. El libro de cocina que cuestiona la nutrición políticamente correcta y a los dictócratas de la dieta*, Madrid, Diente de León, 2022 (traducción de Laura Collet)].

VIDA SENCILLA

Boyle, Erin, *Simple Matters: Living with Less and Ending Up with More*.

Hetzel, Rhonda, *The Simple Home: A Month-by-Month Guide to Self-Reliance, Productivity and Contentment*.

LIMPIEZA NATURAL

Rapinchuk, Becky, *Clean Mama's Guide to a Healthy Home: The Simple, Room-by-Room Plan for a Natural Home*.

Strauss, Rachelle, *Natural Household Cleaning: Making Your Own Eco-Savvy Cleaning Products*.

HERBOLOGÍA

Codekas, Colleen, *Healing Herbal Infusions: Simple and Effective Home Remedies for Colds, Muscle Pain, Upset Stomach, Stress, Skin Issues, and More*.

De la Forêt, Rosalee, *Alchemy of Herbs: Transform Everyday Ingredients into Foods and Remedies That Heal*. [Hay trad. cast.: *Alquimia de las hierbas. Cómo transformar los ingredientes con los que cocinas a diario en poderosos remedios y platos curativos*, Madrid, Gaia, 2018 (traducción de Blanca González Villegas)].

Fowler, Alys, *A Modern Herbal: Plant-Based Medicine for a Calmer, Healthier Life*.

Gladstar, Rosemary, *Herbal Remedies for Vibrant Health: 175 Teas, Tonics, Oils, Salves, Tinctures, and Other Natural Remedies for the Entire Family*. [Hay trad. cast.: *Plantas medicinales para toda la familia. 175 infusiones, cosméticos naturales y remedios tradicionales*, Madrid, Diente de León, 2021 (traducción de Laura Collet)].

Gladstar, Rosemary, *Medicinal Herbs: A Beginner's Guide: 33 Herbs to Know, Grow, and Use*.

Orr, Stephen, *The New American Herbal*.

RUTINA NATURAL DE BAÑO Y CUERPO

Buck, Shannon, *200 Tips, Techniques, and Recipes for Natural Beauty*. [Hay trad. cast.: *Cosmética natural. 200 trucos y recetas caseras para estar más guapa*, Barcelona, Grijalbo, 2015 (traducción de Eva Cañada Valero)].

Gladstar, Rosemary, *Herbs for Natural Beauty: Create Your Own Herbal Shampoos, Cleansers, Creams, Bath Blends, and More.*

CUIDADO DEL HUERTO

Bellamy, Andrea, *Small-Space Vegetable Gardens: Growing Great Edibles in Containers, Raised Beds, and Small Plots.*

Frey, Kate y LeBuhn, Gretchen, *The Bee-Friendly Garden: Design an Abundant Flower-Filled Garden That Nurtures Bees and Supports Biodiversity.*

Madigan, Carleen, *The Backyard Homestead: Produce All the Food You Need on Just a Quarter Acre.*

Walliser, Jessica, *Attracting Beneficial Bugs to Your Garden: A Natural Approach to Pest Control.*

PÁGINAS WEB

Environmental Protection Agency [Agencia de Protección del Medio Ambiente de EE. UU.]: www.epa.gov

Environmental Working Group [ONG, Grupo de Trabajo Medioambiental]: www.ewg.org

Litterless [blog, guía de alimentación de residuo cero por estado]: www.litterless.com

Our World in Data: www.ourworldindata.org

Skin Deep Cosmetics Database [Base de datos relativa a cosmética de la ONG Environmental Working Group]: www.ewg.org/skindeep

Programa de las Naciones Unidas para el Medio Ambiente: www.unenvironment.org

Zero Waste Collective [blog sobre cómo progresar hacia el residuo cero]: www.thezerowastecollective.com

ESTUDIOS Y CURSOS DE HERBORISTERÍA POR INTERNET

Chestnut School of Herbal Medicine: www.chestnutherbs.com

Herbal Academy: www.theherbalacademy.com

SUMINISTROS

HIERBAS A GRANEL, ACEITES ESENCIALES, CERA DE ABEJA, MANTECAS, ACEITES PORTADORES, TARROS PEQUEÑOS, LATAS Y TUBOS

Mountain Rose Herbs: www.mountainroseherbs.com

MATERIALES PARA FERMENTACIÓN

Cultures for Health: www.culturesforhealth.com

TARROS DE CRISTAL

Ball Canning Jars: www.ball.com

Fillmore Container: www.fillmorecontainer.com

Weck Jars: www.weckjars.com

HOTELES PARA INSECTOS

Wudwerx: www.etsy.com

ENVOLTORIOS REUTILIZABLES DE CERA DE ABEJA PARA ALIMENTOS

Abeego: www.abeego.com

BOLSAS DE TELA REUTILIZABLES PARA HACER LA COMPRA Y ABASTECERSE A GRANEL

Dans le Sac: www.danslesac.co

EcoBags: www.ecobags.com

BOLSAS DE SILICONA REUTILIZABLES

Stasher Bags: www.stasherbag.com

SUMINISTROS DE RESIDUO CERO PARA EL HOGAR (UTENSILIOS DE LIMPIEZA NATURALES, RECIPIENTES REUTILIZABLES, ROPA DE TELA, ETCÉTERA)

June Home Supply: www.junehomesupply.com

Wild Minimalist: www.wildminimalist.com

AGRADECIMIENTOS

Muchas gracias a los lectores y los seguidores de *Vivir bien de forma sencilla*. Sin vuestro interés y apoyo, este libro no existiría… ¡Como tampoco nadie que lo leyera! A la comunidad de residuos cero, por ser un grupo tan encantador y solidario, aprendo mucho de vosotros, vuestra dedicación y sabiduría me sirve de inspiración diaria.

A mi marido Scott, por animarme y creer en mí; por probar recetas y remedios; por criar a nuestros hijos tú solo mientras yo escribía y hacía las fotos para este libro; por ayudarme a cargar con muebles de segunda mano; por usar todas las tazas, vasos y bolsas reutilizables que te meto en los bolsillos; por ayudarme a crear el huerto ideal, y por aceptar los cambios en tu carrera, así como dos mudanzas a la otra punta del país, simplemente porque te parecía que eso era lo que tenías que hacer.

A mis hijos, Benjamin y Eloise, por ser mis mejores maestros; por darme una razón para preocuparme más de lo que ya lo hacía; por probar innumerables recetas y remedios; por darme vuestra opinión con sinceridad; por echarme una mano en el huerto, y, por encima de todo, por aguantar a esta madre que lleva cubiertos reutilizables y bolsas de lona allá donde vamos. Este libro está dedicado a vosotros y a vuestros bisabuelos, que en su día me iluminaron como espero hacerlo con vosotros.

A mi agente literaria, Julia Eagleton, por dar conmigo, proponerme la idea de escribir un libro y ayudarme a encontrar editores para él. A su equipo de The Gernert Company por encontrar editoriales internacionales que tradujeran el libro a varios idiomas. A mi editora, Stephanie Fletcher, y a todos los de Houghton Mifflin Harcourt por creer en este proyecto y hacer el proceso lo más colaborativo que un autor podría esperar. A Stephanie (de nuevo), a la correctora Karen Wise y a la editora de producción Rebecca Springer por su meticulosa edición y su atención al detalle. A la diseñadora Ashley Lima y a la directora artística Melissa Lotfy, por convertir mis palabras y fotos en estas hermosas páginas, y a Breanne Sommer, Brooke Borneman y Brianna Yamashita, por tomar las riendas del marketing y la publicidad.

A Melissa Egan, ¡qué divertido ha sido trabajar en una propuesta contigo! Gracias por escucharme con tanta atención, por ayudarme a plasmar mis ideas sobre el papel y por presentarme a Chelsea Coolsaet, que tanto colaboró en que diseñáramos el sitio web ideal para mi blog y este libro.

A mis padres, por ofrecerme tanto vuestro amor incondicional como la libertad para poder hacer las cosas a mi manera, ser yo misma y vivir de forma poco común. A mis suegros, por vuestro inquebrantable aliento y vuestra devoción a nuestra familia, donde incluyo las muchas horas que pasasteis jugando con Benjamin y Eloise, y todas las estupendas comidas caseras que les disteis. Y, por último, pero no por ello menos importante, a mis abuelos (Mimi y Papa), por servirme de modelo para lo que significa vivir sencillamente, despacio y bien.

ÍNDICE TEMÁTICO

NOTA: Los números de página en *cursiva* indican fotos.

aceite
de oliva como producto de limpieza, 70, 71
congelar hierbas en, *220*, 221
de menta y lavanda para las quemaduras solares, 163
para masaje de hierbas, *206*, 207
para percances, 154
aceites esenciales, 37, 70, 74, 80, 81, 97, 103, 118, 122-125
almacenar, 125
calidad y sostenibilidad de, 122-124
consideraciones de seguridad, 123, 125
de árbol del té, 144, 161, 175, 178, 204
de árbol del té, para picores y picaduras, 199
de citronela, 161
de clavo, 175
de eucalipto, 97, 144, 145, 161
de geranio, 81, 161, 190
de incienso, 144, 157, 184, 190
de lavanda, 81, 144, 157, 158, 161, 162, 163, 176, 178, 182, 188, 189, 191, 200, 203, 207
de limón, 77, 78, 80, 87, 108, 110, 144, 193
de menta, 145, 155, 157, 163, 172, 175, 204
de mirra, 190
de romero, 157, 161, 193
diluir, 122, 124
que nutren la piel, *179*, 180
recoger hierbas para, 219
aceitunas, comprar, 5
ácido cítrico, 70, 78, 91, 92, 94, 200, 202, 222
adornos de alpiste, *232*, 233
agricultores, entablar relaciones con, 6, 120, 128

agua de la reina de Hungría, *183*, 189
agua de rosas casera, 185, *186*, 187, 188, 189, 194
agua oxigenada, 70, 77, 94, 97, 108, 110
aguacate, sopa fría de pepino y, *246*, 249
ajo asado, sopa de, *246*, 251
alcohol de quemar, 71, 80, 111
alfombras, limpiador previo al aspirado, 71, 81
alimentos de verdad, 2
alimentos fermentados, 1, 27
chucrut, 240-241
comprar, 28
rábanos, *242*, 243
salsa, 244, *245*
alimentos secos, 4
aliños para ensaladas, 49
de tahini y limón, 58
vinagreta simple, *56*, 57
almacenar
aceites esenciales, 125
frutas y verduras, 22-24
hierbas, 120, 219
semillas, 231
almidón, 27, 70, 158
alpiste, adornos de, *232*, 233
alternativa a la lejía, 110
amargos digestivos, *véase* tónicos digestivos
ambientador, 37
arcilla de bentonita, 172, 184
para picores y picaduras, 162, 199
árnica, ungüento de, para contusiones y esguinces, 117, *166*, 167
aros de manzana deshidratados, *62*, 63
artículos domésticos ecológicos, 6
Asociación Nacional de Aromaterapia Holística (NAHA), 124
autoservicios de productos a granel, 4, 5
avena

baño para el picor de caléndula y, 158, *159*
exfoliante facial de, 182, *183*
verde, 151, 197

bálsamo
labial de menta, 155
para el dolor de cabeza, *156*, 157
y aceite para percances, 154
baño
bombas de, 171, 200, *201*, 202
combinaciones de infusiones para, 198, *198*
de avena y caléndula para el picor, 158, *159*
infusión de hierbas para, 199
para los pies de menta y cítricos, 204, *205*
sales de hierbas relajantes, 203
sin residuos, cambios hacia un, 170, *170*, 171
y cuerpo, *véase* rutina natural de baño y cuerpo
baño maría casero, 27, 127
barritas de loción de limón y romero, *192*, 193, 194
basura, bolsas de, 1
con papel de periódico, 19, *19*
bayas de saúco
gominolas de, 136-137, *137*
jarabe de, *134*, 135
polos de, 136, *137*
belleza natural, 169
bicarbonato sódico, 69, 81, 92, 94, 97, 98, 100, 117, 158, 162
baño de, para lavar frutas y verduras, 88
como desatascador natural, 93
como limpiador de hornos, 84
como limpiador en polvo de hierbas, 78
como limpiador suave de superficies, 77

265
Índice temático

como producto de limpieza natural, 70, 72
en desodorantes, 176
en el enjuague dental de menta, 175
en exfoliante facial de avena, 182
en pasta de dientes, 172
en productos para el baño, 202, 203, 204
para picores y picaduras, 162, 199
bienestar, *véase* bienestar natural
bienestar natural, XII-XIII, 115
  aceite de menta y lavanda para las quemaduras solares, 163
  aceite y bálsamo para percances, 154
  aceites esenciales, 118, 122-125
  bálsamo labial de menta, 155
  bálsamo para el dolor de cabeza, *156, 157*
  baño de avena y caléndula para el picor, 158, *159*
  baño maría casero, 127
  cómo reunir y abastecerte de hierbas, 120, *121*
  consideraciones de seguridad con, 125
  gel de aloe vera para heridas y quemaduras, 164, *165*
  gel de aloe vera para picores y picaduras, 162
  infusión de dulces sueños, *140,* 151, 152
  infusión digestiva de malvavisco y menta, *140,* 147
  infusión para el estrés, 150
  ingredientes y equipo esenciales para, 117-118
  insecticida natural, *160,* 161
  jarabe de bayas de saúco, *134,* 135
  jarabe para la tos de regaliz y tomillo, 142, *143*
  miel de salvia, *140,* 141, 146, 147, 152
  miel para dulces sueños, 152, *153*
  pastillas de cera de abeja caseras, 128, *129*
  polos y gominolas de bayas de saúco, 136-137, *137*
  remedios sencillos para picores y picaduras, 162
  sidra ardiente, 130-131, *131*
  sopa curativa de shiitake, 132
  té de limón y jengibre, *140,* 141
  tintura de equinácea, 138, *139*
  tónico inmunológico de limón y jengibre, 133
  tónicos digestivos, *148,* 149
  ungüento de árnica para contusiones y esguinces, 117, *166,* 167
  ungüento de mentol natural, 144-145, *145*
  uso de cáscaras de huevo en, 31
bolas de lana caseras para secadora, 104, *105*
bolsas de tela, 4, 9-10, 169
bolsas reutilizables, 1, 3, 4, 6
  con cordón, 9-10
  de tela, 4
bombas de baño, 171, 200, *201,* 202
bombas de semillas de flores silvestres, *236,* 237
brócoli, sopa de tallos de, sin desperdicio, *246,* 250

café, comprar, 5
café, posos del, 29, 215
caldo
  congelar restos de comida para, 27
  de restos de verduras, 32, *33*
caléndula, 118, 154, 189, 203
  en infusiones para el baño, 198
  manteca corporal, 191
  para el enjuague capilar, 197
  y avena para el picor, baño de, 158, *159*
capilar, enjuague de hierbas, 196, *197*
cápsulas de inodoro, 94, *95*
carbonato sódico, 71, 100
carne, comprar, 5
cáscaras de huevo, reutilizar, *30,* 31

cera de abejas, 70, 113, 117, 128, 144, 154, 167, 177, 193, 194
  alternativa a, 128
  en bálsamos, 155, 157
  envoltorios caseros, 3, 6, 11-13, *12, 13,* 22, 39
  pastillas caseras, 128, *129*
cera de candelilla, 70, 117, 128, 144, 154, 155, 157, 167, 193
chocolate, trufas de, con pulpa de frutos secos, *42,* 43
chucrut de la abuela, 240-241
circuito cerrado, cocina de, 21
cítrico, limpiador multiusos, 74, *75,* 133, 222
citronela, aceite esencial de, 161
clavo, aceite esencial de, 175
cocina de bajo desperdicio, 1
  aliños cotidianos para ensaladas, *56,* 57-58
  aros de manzana deshidratados, *62,* 63
  bolsas de basura de papel de periódico, 3, 19, *19*
  bolsas reutilizables con cordón, 9-10
  caldo de restos de verduras, 32-33, *33*
  cambios hacia una cocina sin residuos, 2, 3
  cómo conservar la fruta y la verdura, 22-24
  cómo conservar los alimentos, 21, 25-28, *26, 28*
  cómo reducir el desperdicio doméstico de alimentos, 20-21
  cómo reutilizar cáscaras de huevo, *30,* 31
  envoltorios caseros de cera de abeja, 11-13, *12, 13*
  fundas de tela reutilizables para recipientes, 14, *15*
  galletas de pulpa de almendra, 41
  galletas de pulpa de verduras, 64, *65*
  garbanzos crujientes, *66,* 67
  guacamole sin envasar, 52
  hacer la compra con pocos residuos, 2-6
  harina de coco, *46,* 47

hummus sin residuos, 49, *50*
ideas para picar sin generar residuos, *60*, 61
kétchup casero, *50*, 53
leche de coco fresca, 44, *45*, 47, 48, 247, 250, 251
leche de frutos secos casera, 40, 41, 43, 61
mantequilla de frutos secos casera, *50*, 59, 61
mostaza de dos maneras: lenta y rápida, 54-55
pan casero sin amasado, 38, *39*
tahini desde cero, *50*, 51
telas *furoshiki*, 17-18, *17-18*
trufas de chocolate con pulpa de frutos secos, *42*, 43
usos creativos de los posos del café, 29
yogur de coco, 48
cocina de circuito cerrado, 21
coco
 aceite de, 32, 61, 144, 155, 157, 191, 250, 251, 253
 aceite de, como producto de limpieza, 71, 93, 113, 172, 200
 harina de, 43, *46*, 47
 leche fresca de, 44, *45*, 47, 48, 247, 250, 251
 yogur de, 48
colorete vegetal, 208
comedero para pájaros en una taza reciclada, 234, *235*
cómo conservar los alimentos, 21, 25-28, *26*, 28
cómo guardar semillas, 230-231, *231*
cómo reducir el desperdicio doméstico de alimentos, 20-21
 haciendo la compra, 2-6
cómo reutilizar cáscaras de huevo, *30*, 31
compartir alimentos, 21
compostar
 en tu jardín, conceptos básicos, 215-217
 marrones y verdes al, 215
 materiales para, 217
 para reducir los residuos domésticos, 21
 uso de cáscaras de huevo al, 31

vermicompostaje, 31
compra
 con pocos residuos, hacer la, 2, 4-6, 20
 recipientes reutilizables para la, 4-6
conceptos básicos para compostar en tu jardín, 215-217
congelar
 alimentos, 21, 25, 27, 34, 49
 hierbas frescas, 219, 221
consejos para secar en tendedero, *106*, 107
conserva, tarro de, 21
conservar los alimentos, cómo, 21, 25-28, *26*, 28
consideraciones de seguridad, con aceites esenciales, 125
contusiones, ungüento de árnica para, *166*, 167
cosméticos, 69, 128, 169, 189
 colorete vegetal, 208
 desmaquillante fácil, 208, *209*
crema corporal de rosa, 194-195, *195*
cristales de sosa, 71
cubiteras, congelar pequeñas porciones en, 27
cuidado de la piel, 169, 181, 182
 aceites esenciales que nutren, *179*, 180
 cera de abejas en productos, 128
 véase también rutina natural de baño y cuerpo

dependientes, entablar relaciones con, 6
desatascador natural, 93
deshidratar alimentos, 28, *28*
 en el horno, 64
 fruta, 63
 plantas, 208
desinfectante de manos, 178, *179*
desmaquillante fácil, 208, *209*
desodorante de dos formas, 176-177
 casero en barra, 171, 176, 177
 roll-on de extracto de hamamelis, 176

desodorizar, posos de café para, 29
desperdicio de alimentos, 20-21, 25, 51, 215
detergentes
 comprar, 6
 jabón frente a, 98
 para lavavajillas, 90, 91, 92
deterioro, prevenir, 21
difenilamina (DPA), 88
Dr. Bronner's, Sal Suds, 71, 83, 87, 94, 98

economía, lineal frente a circular, XI-XII
encurtir alimentos, 27-28
enjuague bucal de menta, 175
enjuague capilar de hierbas, 196, *197*
enlatado de alimentos, 21, 25, 27, 244
envases, 5
 de papel, 6
Environmental Working Group (EWG), 69, 84, 98, 101, 169
envoltorio para botellas, 18, *18*
envoltorio para llevar como bolso de mano, 18, *18*
envoltorios
 caseros de cera de abeja, 11-13, *12*, *13*
 telas *furoshiki*, 17-18, *17-18*
equinácea, tintura de, 138, *139*
esguinces, ungüento de árnica para, *166*, 167
especias, para remedios de bienestar natural, 118
etiquetas de las fechas, 20
eucalipto, aceite esencial de, 97, 144, 145, 161

facial
 exfoliante de avena, 182, *183*
 lavado a base de hierbas, 181
 mascarilla, uso de cáscaras de huevo en, 31
 mascarilla de arcilla, 184
 sérum rejuvenecedor, *183*, 190
 tónico de rosa y lavanda, *183*, 185, 188
Fallon, Sally, 252
fermentar alimentos, 21, 27-28

véase también alimentos fermentados
fresa, mermelada de, a la antigua, 260-261, *261*
frutas
  almacenar, 20, 22-23
  congelar, 25, *26*, 27
  enlatar, 27
  fermentar, 28
  lavar, 88
  sin envases, 4
frutas y verduras
  imperfectas, 21
  lavar, 88
  véase también frutas; verduras
frutos secos
  leche casera de, 40, 43, 61
  mantequilla casera de, *50*, 59
  trufas de chocolate con pulpa de, *42*, 43
fundas de tela para recipientes, 3, 22
  envoltorios de cera de abeja, 3, 6, 11-13, *12, 13*
  reutilizables, 14, *15*
fundas reutilizables de tela para recipientes, 14-15, *15*
  envoltorios caseros de cera de abeja, 11-13, *12, 13*
  véase también furoshiki, telas
furoshiki, telas, 17-18, *17-18*

galletas
  compra a granel, 4
  de arroz, 61
  de pulpa de almendra, 41
  de pulpa de verduras, 64, *65*
garbanzos crujientes, *66*, 67
gel de aloe vera, 176, 188, 194
  para heridas y quemaduras, 164, *165*
  para picores y picaduras, 162, 199
geranio, aceite esencial de, 81, 161, 190
Gladstar, Rosemary, 117, 194, 219
gominolas de bayas de saúco, 136-137, *137*
granito y mármol, limpiador de, 80
guacamole sin envasar, 52

guisantes, recoger semillas de, 230, 231
Gunders, Dana, 20

habas, recoger semillas de, 231
hacer la compra con pocos residuos, 2, 4-6, 20
hamamelis, desodorante *roll-on* de extracto de, 176
harina de coco, 43, *46*, 47
heridas, gel de aloe vera para, 164, *165*
hierbas
  almacenar, 120
  combinaciones de infusiones para el baño, 198, *198*
  congelar en mantequilla o aceite, *220*, 221
  limpiar, 219
  para enjuague capilar, 197, *197*
  para remedios de bienestar natural, 118
  recogida de, 219
  reunir y abastecerte de, 120, *121*
  secar, 120, *218*, 219
Hipócrates, 199, 252
hojas de remolacha salteadas con piñones, 253
hotel para insectos, 225, 226, *227, 228*, 229
huerto, 211
  adornos de alpiste, *232*, 233
  atraer a insectos beneficiosos, 225-226
  bombas de semillas de flores silvestres, *236*, 237
  chucrut de la abuela, 240-241
  comedero para pájaros en una taza reciclada, 234, *235*
  cómo guardar semillas, 230-231, *231*
  cómo secar hierbas, 120
  conceptos básicos para compostar, 215-217
  control ecológico de las malas hierbas, 222, *223*
  hojas de remolacha salteadas con piñones, 253
  hotel para insectos, 225, 226, *227, 228*, 229
  jarabe de azúcar con hierbas, 256, *258*

kvas de remolacha tradicional, 252
mermelada de fresa a la antigua, 260-261, *261*
pepinillos de nevera, 238, *239*
pesto de hojas de zanahoria, 248
rábanos fermentados, *242*, 243
sal de hierbas, *254*, 255
salsa fermentada, 244, *245*
semilleros de papel de periódico, 212, *213*
sopa de ajo asado, *246*, 251
sopa de tallos de brócoli sin desperdicio, 250, *246*
sopa de tomate y zanahoria, *246*, 247
sopa fría de pepino y aguacate, *246*, 249
uso de cáscaras de huevo en, 31
uso de posos de café en, 29
vinagre de los cuatro ladrones, 57, 259, *259*
hummus sin residuos, 49, *50*

ideas para picar, *60*, 61
incienso, aceite esencial de, 144, 157, 184, 190
infusión de dulces sueños, *140*, 151, 152
infusión digestiva de malvavisco y menta, *140*, 147
infusión para el estrés, 150
insecticida natural, *160*, 161
insectos beneficiosos, 211, *224*, 224-229
  cómo atraerlos, 225
  hotel para insectos, 225, 226, *227, 228*, 229
Isabel, reina de Hungría, 189
Iyer, Pico, XIII

jabón
  de Castilla líquido, 70, 71, 77, 80, 83, 84, 97, 98, 108, 117, 181, 222
  detergente frente a, 98
  líquido de limón para vajillas, *86*, 87
  para la ropa, 4, 98, *99*, 104
  sin envasar, comprar, 5

jarabe
  de azúcar con hierbas, 256, *258*
  de bayas de saúco, *134*, 135, 136
  para la tos de regaliz y tomillo, 142, *143*
jardín, restos de, 215
jengibre y limón
  té de, *140*, 141
  tónico inmunológico de, 133

kétchup casero, 1, *50*, 53
kit de compra de residuos cero, 6
kvas de remolacha tradicional, 252

lavado facial a base de hierbas, 181
lavanda, 70, 78, 118, 122, 155, 259
  aceite esencial de, 81, 144, 157, 158, 161, 162, 163, 176, 177, 178, 182, 188, 189, 191, 200, 203, 207
  aceite para las quemaduras solares, de menta y, 163
  flores secas de, 37, 81, 150, 152, 181, 182, 189, 207
  para el enjuague capilar, 197
  para infusiones para el baño, 198
  que nutre la piel, 180
  tónico facial de rosa y, 188
leche de frutos secos casera, 40, 41, *43*, 61
leche fresca de coco, 44, *45*, 47, 247, 250, 251
lejía, alternativa a la, 110
limón
  aceite esencial de, 77, 78, 80, 87, 97, 108, 110, 118, 144, 193
  aliño de tahini y, 58
  bálsamo de, 198
  barritas de loción de romero y, *192*, 193, 194
  como producto de limpieza, 70
  hierba de, 161
  jabón líquido para vajillas, *86*, 87
  ralladura de, 259
  zumo de, 49, 54, 57, 63, 113, 132, 146, 162, 244, 248, 249, 250, 251, 260

  zumo de, para picores y picaduras, 199
limón y jengibre
  té de, *140*, 141
  tónico inmunológico de, 133
limpiacristales, 111
limpiador
  cítrico multiusos, 74, *75*, 133, 222
  de alfombras previo al aspirado, 70, 71, 81
  de granito y mármol, 80
  de hornos, 84, *85*
  de la taza del váter, *96*, 97
  de suelos de madera, *82*, 83
  en polvo de hierbas, 78, *79*
  suave de superficies, *76*, 77, 78
  usar cáscaras de huevo en, 31
limpieza
  ingredientes en productos para, 41
  natural, *véase* limpieza natural
  productos comerciales de, 3
limpieza natural, 69
  bolas de lana caseras para secadora, 104, *105*
  cápsulas de inodoro, 94, *95*
  con posos de café, 29
  consejos para secar en tendedero, *106*, 107
  desatascador natural, 93
  desinfectante para lavar frutas y verduras, 88, *89*
  detergente para lavavajillas, *90*, 91
  jabón líquido de limón para vajillas, *86*, 87
  jabón para la ropa, 98, *99*
  limpiacristales, 111
  limpiador cítrico multiusos, 74, *75*, 133, 222
  limpiador de alfombras previo al aspirado, 81
  limpiador de granito y mármol, 80
  limpiador de hornos, 84, *85*
  limpiador de la taza del váter, *96*, 97
  limpiador de suelos de madera, *82*, 83
  limpiador en polvo de hierbas, 78, *79*

  limpiador suave de superficies, *76*, 77
  manteca para madera, *112*, 113
  pastillas de detergente para lavavajillas, *90*, 92
  productos caseros para, 69-71
  productos para, 70-71, *71*
  quitamanchas, 108, *109*, 110
  sosa para lavar casera, 100
  suavizante para ropa, 101
  toallitas para secadora reutilizables, *102*, 103
  utensilios para, 69, 72, *73*
llantén, para picores y picaduras, 162

malas hierbas, control ecológico de las, 222, *223*
manteca corporal, 171, 194
  de caléndula, 191
manteca para madera, *112*, 113
mantequilla
  congelar hierbas frescas en, *220*, 221
  de frutos secos casera, *50*, 59, 61
manzana (s), 4, 23, 240, 241
  aros deshidratados de, 61, *62*, 63
  cáscaras de, 37
  Granny Smith, 133
  lavado de, 88
  rodajas de, 61
  vinagre de, 171
  vinagre de sidra con restos de, 34, *35*
  zumo de, 136
mármol, limpiador de granito y, 80
masaje de hierbas, aceite de, *206*, 207
masaje de vapor natural, 144-145, *145*
mascarilla facial de arcilla, 31, 181, 184, 185
medioambientales, retos, XIV
menta
  aceite esencial de, 145, 155, 157, 163, 172, 175, 204
  aceite para las quemaduras solares de lavanda y, 163
  bálsamo labial de, 155

baño para los pies de cítricos
y, 204, *205*
enjuague bucal de, 175
infusión digestiva de
malvavisco y, *140*, 147
mermelada de fresa a la
antigua, 260-261, *261*
miel
de salvia, *140*, 141, 146, 147,
152
para dulces sueños, 152, *153*
mirra, esencial de, 190
mostaza de dos maneras: lenta
y rápida, 54-55

olla a fuego lento de restos de
comida, *36*, 37
ordenar antes de comprar, 20

pan casero sin amasado, 38, *39*,
247
Paracelso, 150
pasta de dientes de dos formas,
172-173, *173*
pastillas de cera de abeja
caseras, 128, *129*
pastillas de detergente para
lavavajillas, *90*, 92
pepinillos de nevera, 238, *239*
pepino, 4, 24, 61, 88, 225, 238
kirby, 238
sopa fría de aguacate y, *246*,
249
periódico
bolsas de basura de papel de,
19, *19*
semilleros de papel de, 212,
213
pesos de fermentación, 28, 241
pesto de hojas de zanahoria, 248
picor
baño de avena y caléndula
para el, 158, *159*
remedios sencillos para, 31,
162
pies, baño de menta y cítricos
para los, 204, *205*
pimientos, 24, 32, 88, 211, 230
recoger semillas de, 231
piñones, hojas de remolacha
salteadas con, 253
plan de comidas, 20
plantas de polinización abierta,
230

plásticos, XI, XIV
Pollan, Michael, 6
polos de bayas de saúco, 136,
137
posesiones materiales, XIII
posos del café, usos de los, 29
potenciador de lavado, 110
productos de panadería, 4
proyectos artísticos, uso de
cáscaras de huevo en, 31
pulpa de frutos secos, 40, 43
galletas de pulpa de
almendra, 41
trufas de chocolate, *42*, 43

quemaduras, gel de aloe vera
para, 164, *165*
quemaduras solares, aceite de
menta y lavanda para las, 163
queso, comprar, 5
quitamanchas, 108, *109*, 110

rábanos fermentados, *242*, 243
raciones, tamaño de las, 20
recibos, 6
reciclaje, XI, 1, 5, 123, 124, 212
recipientes
para congelar, 27
para conservar, 27
para fermentar, 28
reutilizables, para hacer la
compra, 4-6
regaliz y tomillo, jarabe para la
tos de, 142, *143*
remedios
curativos, 115, 125
para el picor, 162
véase también bienestar
natural
remolacha
kvas tradicional de, 252
salteadas con piñones, hojas
de, 253
restos de comida
aprender a usar, 1
caldo de restos de verduras,
32-33, *33*
compostar, 21, 169, 215
congelar, para caldo, 27
olla a fuego lento, *36*, 37
pesto preparado con, 248
sistema de recogida, 215
vinagre de sidra de
manzana, 31, 34, *35*

restos de jardín, 215
retos medioambientales, XIV
reutilizar objetos, 2
Rocky Mountain Oils, 123
romero, esencial de, 157, 161,
193
rosa
agua casera de, 185, *186*, 187
crema corporal de, 194-195,
195
tónico facial de lavanda y,
183, 188
rutina natural de baño y
cuerpo, 169
aceite de masaje de hierbas,
206, 207
agua de la reina de Hungría,
183, 189
agua de rosas casera, 185,
186, 187
baño para los pies de menta
y cítricos, 204, *205*
barritas de loción de limón y
romero, *192*, 193
bombas de baño, 171, 200,
201, 202
cambios hacia un baño sin
residuos, 170, *170*, 171
colorete vegetal, 208
combinaciones de infusiones
para el baño, 198, *198*
crema corporal de rosa,
194-195, *195*
desinfectante de manos,
171, 178, *179*
desodorante de dos formas,
176-177
enjuague bucal de menta, 175
enjuague capilar de hierbas,
196-197, *197*
exfoliante facial de avena,
182, *183*
infusión de hierbas para el
baño, 199
lavado facial a base de
hierbas, 181
manteca corporal de
caléndula, 191
mascarilla facial de arcilla,
184
pasta de dientes de dos
formas, 172-173, *173*
sales de baño de hierbas
relajantes, 203

sérum facial rejuvenecedor, *183*, 190
tónico facial de rosa y lavanda, *183*, 188

sabores, 149
sal de hierbas, 61, *254*, 255
Sal Suds, 71, 87, 94, 98, 222
sal/es
 como producto de limpieza, 71
 de baño de hierbas relajantes, 203
 de hierbas, *254*, 255
salsa fermentada, 244, *245*
saúco, bayas de
 gominolas de, 136-137, *137*
 jarabe de, *134*, 135
 polos de, 136, *137*
secadora
 bolas de lana caseras para, 104, *105*
 toallitas reutilizables para, *102*, 103, 104
secar
 alimentos deshidratados, 28, *28*
 hierbas, 120, *218*, 219
semilla/s
 adornos de alpiste, *232*, 233
 comedero para pájaros en una taza reciclada, 234, *235*
 cómo guardar, 230-231, *231*
 de flores silvestres, bombas, *236*, 237
semillas autóctonas, 230
semillas de polinización abierta, 230
semilleros de papel de periódico, 212, *213*
sérum facial rejuvenecedor, *183*, 190
shiitake, sopa curativa de, 132
sidra ardiente, 130-131, *131*
siembra asociada, 225
sin generar residuos, XI-XIV
 cambios en el baño, 170, *170*, 171
 cambios en la cocina, 2, 3
 cocina, 1
 cómo hacer la compra, 6
 ideas para picar, *60*, 61
 las 5 R del residuo cero, XI, 1
sobras, 20, 21, 25, 247

sopa
 curativa de shiitake, 132
 de ajo asado, *246*, 251
 de tallos de brócoli sin desperdicio, *246*, 250
 de tomate y zanahoria, *246*, 247
 fría de pepino y aguacate, *246*, 249
sosa, 71, 78, 84, 91, 92, 98, 110
 para lavar casera, 100
Steinbeck, John, 1
suavizante, 98, 101, 104, 107
suelos de madera, limpiador de, 74, *82*, 83
sustitución de productos desechables, 1-6, 169
 baño, 170, *170*, 171
 cocina, 2, 3

tahini, 49
 aliño de limón y, 58
 desde cero, *50*, 51
tamaño de las raciones, 20
tara, 4, 9
tarro de conserva, 21
taza reciclada, comedero para pájaros en una, 234, *235*
té o infusión
 aceite esencial de árbol del, 144, 161, 175, 178, 204
 de dulces sueños, *140*, 151
 de limón y jengibre, *140*, 141
 digestiva de malvavisco y menta, *140*, 147
 para el estrés, 150
telas *furoshiki* reutilizables, 17-18, *17-18*
tenderos, entablar relaciones con, 6
tintura de equinácea, 138, *139*
toallitas para secadora reutilizables, *102*, 103, 104
tomate/s
 recoger semillas de, 230
 sopa de zanahoria y, *246*, 247
 tónico facial de rosa y lavanda, *183*, 188
 tónico inmunológico de limón y jengibre, 133
tónicos digestivos, *148*, 149
tos, jarabe para la, de regaliz y tomillo, 142, *143*

trufas de chocolate con pulpa de frutos secos, *42*, 43

ungüento
 de árnica para contusiones y esguinces, 117, *166*, 167
 de mentol natural, 144-145, *145*
verdura/s
 almacenar, 20, 23-24
 caldo de restos de, 32, *33*
 congelar, 25, 27
 enlatar, 27
 fermentar, 28
 galletas de pulpa de, 64, *65*
 lavar, 88, *89*
 sin envasar, 4
vermicompostaje, 31
vinagre
 baño de, para lavar frutas y verduras, 88
 blanco destilado, 70, 74, 84, 87, 88, 91, 92, 93, 101, 103, 111, 113
 como producto de limpieza, 74
 de los cuatro ladrones, *258*, 259
 de manzana, 171
 de sidra con restos de manzanas, 34, *35*
 espray de, para lavar frutas y verduras, 88
 sidra ardiente, 130-131, *131*
 sidra de manzana, para picores y picaduras, 259
vinagre de sidra de manzanas, 1, 31, 53, 54, 55, 57, 74, 117, 130, 161, 162, 171, 176, 184, 188, 189, 196, 238, 259
 para picores y picaduras, 199
 restos, 34, *35*
vinagreta simple, *56*, 57
vodka
 como producto de limpieza, 71, 80, 111, 138
 como tónico digestivo, 149

yogur de coco, 48

zanahoria
 pesto de hojas de, 248
 sopa de tomate y, *246*, 247